collection « 100 QUESTIONS/RÉPONSES »

100 questions/réponses sur le trouble bipolaire

Louis Bindler
Psychiatre, Nantes
Ancien chef de clinique
de l'université Pierre-et-Marie-Curie, Paris VI

Olivier Andlauer
Psychiatre, CHU de Besançon

ellipses

Dans la même collection

Et si on se pacsait ? 100 questions/réponses pour tout savoir sur le Pacs, Wilfried Baby.

Marre de vous faire avoir ? 100 questions/réponses pour connaître et défendre vos droits de consommateur, Laetitia Latapie.

100 questions/réponses pour mieux comprendre la dépression, Louis Bindler, Stéphane Mouchabac.

100 questions/réponses pour mieux comprendre la maladie d'Alzheimer, Caroline Hommet et Karl Mondon, Dominique Beauchamp.

Des problèmes avec votre employeur ? 100 questions/réponses pour connaître et défendre vos droits de salarié, Caroline André.

Des soucis avec vos impôts ? 100 questions/réponses pour maîtriser votre fiscalité, Christine Noël-Lemaitre.

100 questions/réponses sur le trouble bipolaire, Louis Bindler, Olivier Andlauer.

100 questions/réponses sur la schizophrénie, Louis Bindler, Olivier Andlauer.

ISBN 978-2-7298-7395-0

32, rue Bargue 75740 Paris cedex 15

www.editions-ellipses.fr

Sommaire

Préface

Selon Jean Delay, « l'humeur est cette disposition affective fondamentale... oscillant entre les deux pôles extrêmes du plaisir et de la douleur » (*Les dérèglements de l'humeur*, Paris, PUF, 1946).

Nous connaissons tous des variations de l'humeur, de la gaieté à la tristesse, spontanément ou en réaction à des événements comme une réussite ou un deuil, mais il existe chez chacun d'entre nous une sensibilité individuelle, fonction de notre patrimoine biologique, et de notre histoire familiale et personnelle.

Les troubles bipolaires de l'humeur correspondent à une exacerbation pathologique de ces variations, sur les plans quantitatif et qualitatif : ils s'expriment par la succession d'épisodes dépressifs où l'intensité de la tristesse peut réaliser une véritable « douleur morale », d'épisodes maniaques où l'excitation peut se traduire par un état d'agitation, plus ou moins séparés par des périodes de fonctionnement « normal » libres de tout symptôme.

Selon une approche dimensionnelle, on peut ainsi se demander s'il existe un continuum entre les variations normales et les troubles bipolaires de l'humeur, et on distingue actuellement des troubles bipolaires de type I, correspondant à la classique psychose maniaco-dépressive où peuvent exister un vécu et des idées délirantes (de culpabilité, de ruine... de mégalomanie), de type II, III et IV, de moindre intensité, ou secondaires à des traitements pharmacologiques, la cyclothymie, ou les tempéraments hyperthymiques.

Le mérite de Louis Bindler et d'Olivier Andlauer est d'aborder ici, de façon pratique, la description des troubles et leurs évolutions, leur épidémiologie, les facteurs de risque biologiques, psychologiques et environnementaux, et l'utilisation des différentes stratégies thérapeutiques.

En permettant ainsi, aux patients et à leur entourage, d'avoir une meilleure connaissance de leurs troubles, cet ouvrage a l'ambition de faciliter l'alliance thérapeutique et une participation active à un projet de soins individualisé.

Pr Sechter
Chef de Pôle au CHU de Besançon

La psychiatrie est riche en termes spécialisés et peu intuitifs. Nous vous proposons donc les définitions suivantes, qui constituent une liste loin d'être exhaustive.

APA : Association Américaine de Psychiatrie (American Psychiatric Association).

CIM : Classification Internationale des Maladies (système de classification des maladies utilisé par l'Organisation Mondiale de la Santé).

Cognition (adjectif : cognitif) : processus de pensée. La mémorisation, la prise de décision ou l'attention sont des fonctions cognitives.

DSM : Manuel Diagnostique et Statistique des troubles mentaux (Diagnostic and Statistical Manual, système de classification des troubles mentaux utilisé de l'American Psychiatric Association).

Décompensation : survenue d'un nouvel épisode aigu de trouble de l'humeur.

Étiologie (adjetcif : étiologique) : cause d'une maladie.

Euthymique : d'humeur « neutre » (« normale »).

HAS : Haute Autorité de Santé. Il s'agit d'une autorité publique dont un des buts est de formuler des recommandations pour la prise en charge des maladies.

Intercritique : qui se situe entre deux « crises » (entre deux épisodes).

Morbidité (adjectif : morbide) : signe de la maladie (n'est pas synonyme de mortalité).

OMS : Organisation Mondiale de la Santé.

Organique, somatique : dans le champ de la psychiatrie, renvoie à ce qui a une origine biologique au moins en partie connue et n'est pas « psychiatrique ». *Ex. : un infarctus est une maladie organique.*

Prémorbide : avant le début de la maladie.

Prodrome : signe apparaissant précocement, annonciateur de la maladie.

Thymie (adjectif : thymique) : humeur. *Ex. : une thymie triste (pour une humeur triste).*

Thymorégulateur : médicament régulateur de l'humeur.

Vulnérabilité : dans le champ de la médecine, trait qui conduit à augmenter le risque de développer une maladie. *Ex. : La vulnérabilité génétique au trouble bipolaire.*

2 Que signifie le terme « trouble bipolaire » ?

L'emploi du terme de « trouble bipolaire » est relativement récent, puisque son usage ne s'est généralisé qu'à partir des années 1980. Auparavant, on parlait de « maladie maniaco-dépressive », appellation qui elle-même succédait à celle de « psychose maniaco-dépressive ». Il y a plusieurs raisons à ces changements de dénomination.

En ce qui concerne le terme « trouble », il s'agit tout d'abord de diminuer le poids de la stigmatisation qui pèse sur les patients. Le trouble bipolaire ne se résume pas à la présence de symptômes dits psychotiques, tel que le délire, qui n'est présent que dans les formes les plus sévères. De plus, le terme de psychose a malheureusement une connotation négative dans l'opinion publique, et le diagnostic est plus difficile à accepter pour les patients.

Le mot « trouble » semble plus adapté que « maladie », car il signifie que le patient ressent une souffrance, sans préjuger de la cause de cette souffrance. En effet, par opposition aux maladies dites « organiques » (comme l'appendicite ou le diabète par exemple), et malgré les progrès constants de la recherche médicale, les causes du trouble bipolaire restent à ce jour en bonne partie inconnues.

C'est donc pour cet ensemble de raisons que le terme « trouble », quoique d'apparence moins précis que « maladie » ou « psychose », reflète mieux la complexité des difficultés que rencontrent les patients et leurs familles.

Le mot « bipolaire » renvoie quant à lui au fait que les symptômes du trouble peuvent être regroupés en deux « pôles » (cf. les questions correspondant aux différents types de symptômes). On trouve ainsi d'un côté les symptômes dépressifs, telle que la tristesse de l'humeur, et de l'autre les symptômes maniaques, tels que l'euphorie ou l'hyperactivité. Classiquement, on dit que les patients alternent entre des phases dépressives et des phases maniaques, d'où le terme « bi-polaire ». En réalité, des symptômes de ces deux pôles peuvent survenir en même temps (on parle alors d'épisode mixte).

3 Le trouble bipolaire est-il la psychose maniaco-dépressive ?

Oui, mais en partie seulement. Historiquement, la première dénomination du trouble fut « folies circulaires » au XIXe siècle, puis folie maniaco-dépressive pour ensuite devenir psychose maniaco-dépressive. Ce dernier terme est de moins en moins utilisé, mais il arrive qu'on l'entende ou le lise encore.

La psychose maniaco-dépressive renvoie aux formes les plus sévères des deux pôles du trouble : la manie délirante et la dépression mélancolique. Ces épisodes comportent notamment des symptômes délirants, qu'ils soient de grandeur dans la manie ou de ruine dans la mélancolie. Cette description de la maladie correspondrait en fait au trouble bipolaire de type I (voir question sur les types de trouble bipolaires).

Mais le trouble bipolaire est plus complexe, et des formes atténuées comme l'hypomanie du trouble de type II ne comportent pas de symptômes délirants, de même que bon nombre des dépressions bipolaires ne sont pas mélancoliques. De plus, le terme de psychose a dans l'opinion publique une connotation stigmatisante et est trop souvent confondue avec la notion de schizophrénie.

Ainsi, le terme de psychose maniaco-dépressive, trop réducteur et prêtant à confusion, a été abandonné au profit de l'expression « trouble bipolaire ».

4 Le trouble bipolaire est-il une maladie fréquente et grave ?

Oui, le trouble bipolaire est une maladie fréquente, responsable d'un coût important pour les patients comme pour la société. Il toucherait environ 1 % de la population française, soit 650 000 personnes. Une étude parue en 2011 portant sur plus de 61 000 personnes et menée dans 11 pays indique qu'environ 2,4 % de la population mondiale sera à (au moins) un moment de sa vie touchée par le trouble bipolaire. L'Organisation Mondiale de la Santé (OMS) indique qu'il s'agit de la sixième cause de handicap dans le monde chez les 15-44 ans.

Plus de 20 % des sujets souffrant de trouble bipolaire ont réalisé une tentative de suicide. Il s'agit d'une maladie chronique, qui malgré la présence d'intervalles « libres », c'est-à-dire sans symptômes, présente un important risque de récurrence. La durée moyenne entre les épisodes est d'environ 18 mois, et la durée d'un épisode d'environ 4 mois. Au total, les phases symptomatiques représenteraient 20 % de la vie des patients.

Enfin, l'espérance de vie est significativement diminuée, en moyenne de 9 ans pour une femme dont le trouble a débuté à l'âge de 25 ans (la diminution de l'espérance de vie liée au risque suicidaire étant exclue de ces données).

5 Combien coûte le trouble bipolaire ?

Le Dr Dardennes a publié en 2006 une synthèse qui met en évidence le coût très élevé du trouble bipolaire : le coût des soins (hospitalisations, traitements, consultations), dit « coût direct », représenterait à lui seul environ 2 000 euros par patient et par an, soit au total plus d'un milliard d'euros par an en France. Ce coût est bien entendu variable d'un individu à l'autre en fonction de la sévérité de la maladie.

Pour les patients bénéficiant de l'Affection de Longue Durée (ALD, défini par la Sécurité sociale), ces dépenses devraient être prises en charge à 100 % par l'assurance-maladie. Mais même dans ce cas, une partie des dépenses est tout de même à la charge des malades, comme le forfait hospitalier.

Cependant, ces coûts directs ne constituent que la partie émergée de l'iceberg : il faut leur additionner les « coûts indirects », dont on estime qu'ils représentent jusqu'à 80 % du coût total de la maladie. On appelle « coûts indirects » la perte de revenus pour les patients (arrêts maladie, voire perte d'emploi), mais aussi la baisse de productivité pour l'employeur ou encore le temps passé par la famille à s'occuper du patient. Au total, l'estimation du coût indirect annuel par patient se situe dans une fourchette entre 10 000 et 15 000 euros, soit en France un coût par habitant de plus de 100 euros par an.

Ces sommes impressionnantes doivent nous encourager à renforcer les efforts de prévention, infiniment plus économiques. À celles-ci s'ajoutent les coûts « immatériels » du trouble : la souffrance psychique liée à la maladie, à sa stigmatisation, et aux retentissements personnels, familial et professionnel.

6 Comment a évolué le concept de trouble bipolaire ?

Jusqu'au milieu du XIXe siècle, l'ensemble des troubles psychiatriques était considéré comme étant une seule et même maladie, appelée alors « aliénation mentale », qui s'exprimait sous différentes formes (dépressives, anxieuses, délirantes, etc.).

Le psychiatre Jean-Pierre Falret fut le premier à remettre en cause cette conception d'une maladie unique, en individualisant la « Folie circulaire » en 1851. Celle-ci se caractérise par une alternance de phases d'excitation (dites « phases maniaques ») et de dépression, entrecoupées d'intervalles au cours desquels les patients ne présentent pas de symptômes.

En 1899, le psychiatre allemand Emil Kraepelin oppose deux formes de maladies dites « psychotiques » : la démence précoce qui deviendra plus tard la schizophrénie, et la folie maniaco-dépressive qui évoluera dans les classifications psychiatriques pour devenir le trouble bipolaire. La séparation de ces deux pathologies se base alors sur leur évolution : la démence précoce aurait une évolution défavorable, à la différence de la folie maniaco-dépressive.

L'Organisation Mondiale de la Santé (OMS) établit la 8e révision de sa Classification Internationale des Maladies (CIM-8) en 1965. Le terme employé est alors celui de « psychose maniaco-dépressive », maladie qui comporte trois formes évolutives différentes : maniaque, dépressive et circulaire (c'est-à-dire qui évolue par cycles alternant des phases maniaques et dépressives).

Les dernières classifications de l'OMS (la CIM-10 en 1992) et de l'Association Américaine de Psychiatrie (appelée DSM-IV en 1994) s'accordent sur le nom de « trouble bipolaire », qui se caractérise par la présence de phases maniaques, éventuellement associées à des phases dépressives. Les formes dépressives récurrentes sans phases maniaques sont donc séparées du trouble bipolaire.

La question des limites de la maladie n'est pas close, et le DSM-V ou la CIM-11 pourraient modifier en partie la définition du trouble.

7 Quel regard porte la société sur le trouble bipolaire ?

Le trouble bipolaire dispose d'une forte notoriété dans le grand public, malgré une connaissance imprécise et partielle de la maladie. La part belle est donc laissée aux représentations et aux fantasmes. Ainsi, si la quasi-totalité des Français connaissent le mot « maladie maniaco-dépressive », moins de la moitié d'entre eux disent pouvoir en décrire les symptômes. De la même façon, si plus de la moitié des Français pensent que l'on peut vivre normalement avec les traitements, seuls un tiers considère que le trouble bipolaire est une maladie comme une autre et que les patients sont capables d'assumer la responsabilité d'une famille. Et selon certaines études, 67 % affirment qu'ils pourraient travailler avec des personnes souffrant de trouble bipolaire, mais 29 % pensent que ceux-ci représentent tout de même souvent un danger pour les autres.

Du point de vue des patients, le trouble bipolaire reste une maladie stigmatisée, et associée à une qualité de vie dégradée : environ un tiers des patients ont un sentiment de rejet de la part de leur famille et de leurs amis. Sur le plan professionnel, seule la moitié des patients a un emploi, et parmi ceux-ci, 32 % ressentent une discrimination de la part de leur employeur, et 50 % de la part de leurs collègues. Il est important de noter que la majorité des patients souhaiteraient être mieux informés sur leur maladie et sa prise en charge.

On le voit, tant du côté du grand public que des patients, il existe un grand besoin d'information sur la nature, l'évolution, et les prises en charge du trouble bipolaire. Une bonne information permet aussi de ne pas laisser trop de place aux « *a priori* » ou aux stigmatisations de la maladie en apportant des éléments d'objectivité dans l'esprit du plus grand nombre : c'est l'un des buts de cet ouvrage !

8 Le trouble bipolaire, un phénomène de mode ?

Non, le trouble bipolaire n'est pas un phénomène de mode, c'est une réalité clinique mais il convient de ne pas l'appliquer à tort à tout trouble du comportement.

Le diagnostic de trouble bipolaire est un concept récent. En effet, autrefois appelé maladie maniaco-dépressive et auparavant non individualisé en tant que maladie, il est désormais une maladie « dont on parle beaucoup ». Certains psychiatres voient dans le trouble bipolaire un véritable « phénomène de mode », une entité psychiatrique qui serait trop souvent utilisée pour expliquer les « sautes d'humeur » ou l'irritabilité d'un individu.

À partir des actuels critères diagnostics de trouble bipolaire, certains auteurs ont estimé, de façon rétrospective, à 0,001 % la prévalence du trouble en population générale à la fin du XIXe siècle contre environ 1 % actuellement. Serions-nous tous en train de devenir bipolaires ? Malgré les limites de telles estimations de prévalence *a posteriori* et l'évolution des critères diagnostics, on peut s'interroger sur la place grandissante du trouble bipolaire dans une société où toute déviance avec la norme est très vite considérée comme une maladie. N'aurions-nous pas tendance à vouloir expliquer tout trouble du comportement de l'enfant (type hyperactivité), toute réaction « caractérielle » de l'adulte, toute irritabilité de la personne âgée par un diagnostic de trouble bipolaire ?

Si le trouble bipolaire est une entité psychiatrique réelle et handicapante, il convient cependant d'être prudent dans son diagnostic. Il importe certes de pouvoir l'affirmer chez les patients présentant de réels symptômes de troubles de l'humeur mais il est également fondamental de ne pas établir de diagnostic de trouble bipolaire « par excès », avec toutes les conséquences en terme de traitement et d'organisation familiale, sociale et professionnelle qu'il implique. N'oublions pas qu'il existe de nombreuses autres causes de variations de l'humeur et de troubles du comportement que la maladie bipolaire, et conservons ainsi au diagnostic de trouble bipolaire toute sa particularité, toute sa signification et toutes ses implications en évitant de l'utiliser comme un « outil social ».

9 Existe-t-il des personnages « illustres » souffrant de trouble bipolaire ?

Oui, la meilleure connaissance et l'acceptation sociétale du trouble bipolaire ont permis à de nombreux « personnages » de révéler leur bipolarité. Cette exposition de leur pathologie aux médias permet d'une part aux patients de constater qu'ils ne souffrent pas d'une maladie honteuse qu'il faudrait cacher, et d'autre part au grand public de mesurer à quel point le trouble bipolaire est fréquent et compatible avec une vie personnelle et professionnelle riche et réussie. Il est cependant important de rapporter la bipolarité à son diagnostic psychiatrique afin de ne pas « étiqueter » toute « saute d'humeur » ou trouble de la personnalité à tort comme un trouble bipolaire.

Dans les milieux artistiques, en particulier, il n'est pas rare de retrouver des patients souffrant de trouble bipolaire (voir aussi la question de cet ouvrage sur trouble bipolaire et milieu artistique). Parmi les nombreuses personnalités, on peut citer l'actrice Catherine Zeta Jones qui a rendu publique sa bipolarité en avril 2011.

En s'appuyant sur les données actuelles, certains auteurs ont aussi pu avancer, *a posteriori*, le diagnostic de trouble bipolaire pour des personnages politiques comme Winston Churchill ou Theodore Roosevelt. De la même façon, si le poète Charles Baudelaire (1821-1867) a vécu avant l'époque des classifications médicales, plusieurs auteurs ont pu émettre l'hypothèse qu'il avait présenté un trouble bipolaire. Connu pour ses consommations d'opium et ses probables phases dépressives et suicidaires, Charles Baudelaire aurait également vécu des épisodes maniaques (affirmant ainsi le diagnostic de trouble bipolaire). Il fait notamment de la manie une description assez précise dans un poème en prose « Le mauvais vitrier ».

10 Trouble bipolaire et créativité : des liens étroits ?

Dans l'imaginaire populaire, le lien entre folie et créativité, ou entre psychiatrie et milieu artistique, est très présent depuis l'Antiquité. L'artiste, si original et aux idées si « décalées », ne serait-il pas un peu fou ?

De nombreux auteurs s'accordent pour établir des liens entre créativité et trouble bipolaire. Liens à nuancer d'emblée : tous les créateurs ou « génies artistiques » ne sont pas bipolaires, et tous les patients souffrant de trouble bipolaire ne sont pas des artistes. Cependant, quelques exemples présentés ici permettent d'interroger les liens entre trouble bipolaire et créativité.

Le peintre Vincent Van Gogh a, par exemple, été successivement, selon les époques et les connaissances psychiatriques, diagnostiqué épileptique puis schizophrène, avant d'être considéré comme bipolaire.

Un travail d'Andreasen, en 1987, avait comparé chez 30 écrivains américains et 30 sujets « témoins » (non écrivains) l'existence de signes de trouble de l'humeur. Les résultats étaient stupéfiants avec, selon cette équipe, presque 2 fois plus de troubles de l'humeur et notamment 3 fois plus de troubles bipolaires chez les écrivains que chez les sujets témoins.

D'autres études anglo-saxonnes ont estimé que 8 à 17 % des poètes connus souffraient de trouble bipolaire et certains auteurs vont même jusqu'à évaluer que 19 à 43 % des écrivains souffriraient de ce trouble. Ces chiffres sont bien supérieurs à l'incidence du trouble en population générale.

Ainsi, il semble exister des liens étroits entre trouble bipolaire et créativité ou milieu artistique. Comme le relèvent le Pr Courtet et le Dr Castelnau dans un article consacré au sujet, il pourrait être avancé que « la dépression fournit l'insight, le questionnement sur la condition humaine, l'hypomanie permet la traduction en œuvre ». Dans cette façon de voir, le trouble bipolaire donnerait ainsi aux patients un « avantage » en terme artistique.

11 Existe-t-il des psychiatres qui souffrent de trouble bipolaire ?

Oui : le trouble bipolaire touchant environ 1 % de la population, pourquoi les psychiatres seraient-ils épargnés ? Le Dr Kay Redfield Jamison en donne un exemple admirable dans son livre *De l'exaltation à la dépression. Confession d'une psychiatre maniaco-dépressive* (éd. Robert Laffont). Ce professeur de psychiatrie à la très prestigieuse Johns Hopkins University (Baltimore, États-Unis) souffre elle-même de trouble bipolaire, sujet dont elle est un expert mondialement reconnu. Son livre est non seulement très bien écrit, mais il livre aussi un témoignage émouvant de la solitude liée au trouble bipolaire : de l'exaltation enivrante des épisodes maniaques à la souffrance dépressive, des épisodes de violence aux tentatives de suicide. Sa connaissance approfondie de la maladie ne l'a pas empêchée de stopper son traitement à plusieurs reprises, conduisant systématiquement à des rechutes. Elle souligne d'ailleurs l'importance pour les médecins de ne pas s'en tenir qu'aux médicaments pour soigner le trouble.

Elle n'a révélé souffrir de trouble bipolaire que bien après avoir été reconnue comme une experte de renommée internationale, et cela l'a conduit à certains aménagements dans sa carrière. Notamment, elle a renoncé à suivre des patients en consultation. Mais elle continue à travailler sur le trouble bipolaire et à essayer de diminuer la stigmatisation qui lui est associée.

D'une manière générale, les troubles psychiatriques sont fréquents parmi les professionnels de santé, notamment la dépression. Le trouble bipolaire est probablement plus rare. Même s'il est bien entendu inconcevable qu'un psychiatre en plein épisode maniaque ou dépressif sévère puisse exercer, il n'y a pas de raison, si sa pathologie est bien équilibrée et comme tout professionnel, qu'il ne puisse pas reprendre son activité.

12 Le trouble bipolaire est-il héréditaire, est-il transmissible ?

Non, le trouble bipolaire n'est pas héréditaire au sens commun du terme. Cependant, il existe une forte part d'héritabilité dans le trouble bipolaire. Il a pu être établi que si un membre de la famille est atteint, le risque qu'un autre membre (parent ou frères et sœurs) le soit également est d'environ 10 %, alors que le risque dans la population générale est d'environ 1 %. Ce risque serait plus élevé en cas de trouble bipolaire à début précoce, c'est-à-dire pendant l'enfance.

Cependant, le fait de partager un même environnement pourrait expliquer ces résultats sans pour autant que des facteurs génétiques soient en cause.

L'étude des familles de jumeaux (qui partagent le même environnement) a permis de pallier partiellement cette limite, en comparant les « vrais » jumeaux (qui ont exactement les mêmes gènes) aux « faux jumeaux » (qui ne partagent, eux, qu'environ 50 % de leurs gènes). Ces études indiquent que si l'un des deux souffre de trouble bipolaire, les vrais jumeaux ont un risque nettement plus élevé d'être atteints (environ 40 %) que les faux jumeaux (5 %).

Au total, on estime que l'héritabilité du trouble bipolaire est d'au moins 60 %, c'est-à-dire que 60 % des causes de la maladie seraient dues à des facteurs qui se transmettent dans les familles à risque, et que l'on n'a jusqu'à présent pas pu identifier clairement. Il semble cependant que l'héritabilité puisse bien mieux s'expliquer en terme de fragilité (ou vulnérabilité) génétique aux facteurs environnementaux.

Il est à noter que dans une récente enquête sur les maladies mentales, 1 % des Français ont répondu qu'ils pensaient que le trouble bipolaire était contagieux. Rappelons donc qu'il n'en est rien : héritable peut-être, contagieux, sans doute pas !

13 Le trouble bipolaire, une maladie des neurotransmetteurs ?

Oui, en partie. Le trouble bipolaire est une maladie multifactorielle. Les hypothèses étiologiques actuelles mettent l'accent sur l'existence de facteurs de vulnérabilité génétiques (faisant l'objet de questions de cet ouvrage). Ces hypothèses permettent de mieux comprendre l'existence de dysfonctionnements neurobiologiques constatés chez les patients souffrant de troubles bipolaires. Par exemple, certaines études mettent l'accent sur un gène « candidat » (qui pourrait être en cause dans le trouble bipolaire, le gène de la Tyrosine Hydroxylase), gène qui joue un rôle déterminant dans la production de certains neurotransmetteurs.

Les premières hypothèses neurobiologiques, en partie empiriques, sont secondaires à la découverte des premiers antidépresseurs à la fin des années cinquante. Elles suggèrent dans un premier temps qu'une dysrégulation de neurotransmetteurs est impliquée dans la dépression. Trois principaux neurotransmetteurs ont été incriminés : la noradrénaline, la dopamine puis la sérotonine. Le trouble bipolaire semble plus spécifiquement résulter de dysfonctionnements noradrénergiques : un épisode maniaque s'accompagnerait d'un hyperactivité du système de la noradrénaline, un épisode dépressif d'une hypoactivité.

Concernant la localisation dans le cerveau de ces dysfonctionnements neurobiologiques, il reste difficile de préciser quelles sont les zones cérébrales concernées dans les épisodes de trouble de l'humeur même s'il semble que le système limbique (regroupant diverses régions comme le cortex frontal dorsolatéral, par exemple, particulièrement étudié actuellement) soit globalement impliqué.

Ainsi, des hypothèses neurobiologiques existent pour expliquer une partie des symptômes du trouble bipolaire. Les plus récentes études tendent à montrer que le trouble bipolaire se caractériserait plus par une hyper-réactivité des neurotransmetteurs à certains facteurs de stress que comme une baisse ou une augmentation du fonctionnement basal de ces neurotransmetteurs.

14 Le trouble bipolaire, une maladie hormonale ?

De nombreuses maladies affectent les systèmes hormonaux. Des perturbations de ces systèmes peuvent induire de troubles de l'humeur à type de dépression ou d'exaltation (caractérisant un épisode maniaque) et constituer ainsi un trouble bipolaire.

Les hormones thyroïdiennes (appelées T3 et T4) vont ainsi affecter l'humeur et le niveau d'énergie. En cas de baisse du fonctionnement de la glande thyroïde (appelé hypothyroïdie), on peut observer des symptômes d'allure dépressive, tandis qu'une augmentation de l'activité thyroïdienne (hyperthyroïdie) pourra entraîner une symptomatologie hypomaniaque ou maniaque. Les dysfonctionnements de la fonction thyroïdienne (appelés dysthyroïdie) sont fréquemment observés dans les troubles bipolaires et, surtout, dans les formes à cycle rapide.

Il existe également des situations, chez la femme en particulier, où l'humeur est modifiée avec une probable participation hormonale comme le syndrome dysphorique prémenstruel (troubles de l'humeur qui précèdent l'apparition des règles) ou les perturbations de la ménopause. Les œstrogènes sont impliqués, via des récepteurs cérébraux agissant sur la modulation de certains neurotransmetteurs cérébraux comme la sérotonine, qui a une action sur l'humeur. Un lien a pu être établi entre des variations des taux d'œstrogènes et le risque de trouble de l'humeur. Malheureusement, pour l'instant, ces constats n'ont pas débouché sur des progrès thérapeutiques dans le trouble bipolaire.

On peut également citer le rôle de l'axe hypothalamo-hypophyso-surrénalien (entre l'hypothalamus, région cérébrale, l'hypophyse, glande sécrétrice située à la base du cerveau et les glandes surrénales, situés près des reins) dans les variations de l'humeur, en particulier dépressives. Le rôle de ce système passe par la sécrétion de cortisol impliqué dans la régulation des rythmes circadiens (rythmes de veille-sommeil). Certains antidépresseurs développés récemment agiraient sur cette composante. Dans le trouble bipolaire, les variations des taux de cortisol sont encore à l'étude.

Ainsi, de nombreuses hormones ont une action sur les variations de l'humeur mais il est difficile de préciser leurs implications dans le trouble bipolaire et encore davantage d'en déduire des thérapeutiques spécifiques. Cependant, c'est un domaine d'étude en pleine expansion dans le trouble bipolaire.

15 Existe-t-il des facteurs psycho-environnementaux à l'origine du trouble bipolaire ?

Oui, mais à l'heure actuelle, la cause (ou « étiologie ») du trouble bipolaire est considérée comme multifactorielle.

Le poids des facteurs psychopathologiques (liés au fonctionnement psychique propre à l'individu) est sujet à controverse. Sigmund Freud, Karl Abraham ou Mélanie Klein, les premiers, ont tenté d'expliquer par des facteurs de développement infantile l'existence de traits particuliers qui pourraient constituer une fragilité pour le trouble bipolaire. Sans entrer dans les détails, ces auteurs ont théorisé la mélancolie en la comparant à un épisode de deuil, défini par la perte d'un objet d'investissement libidinal. En psychanalyse, un « objet d'investissement » peut être aussi bien une personne qu'un objet ou même des notions. La mélancolie ferait ainsi, d'une certaine façon, suite au deuil non fait d'une « perte objectale ». La manie serait une tentative du Moi de lutter contre la mélancolie.

Certains auteurs ont tenté de définir des traits de personnalité prédisposant au trouble bipolaire mais il est difficile de mener des hypothèses étiologiques à partir de ces observations. De même, il a été suggéré que les épisodes aigus pouvaient être une réaction à certains traumatismes « environnementaux ». Cependant, la difficulté première est la définition de la notion de traumatisme : elle semble très variable selon les individus. Il existe également des épisodes aigus maniaques ou dépressifs qui ne trouvent pas de causes directes « environnementales ». Il semble ainsi plus juste de parler de « facteurs de décompensation » que de « causes » en désignant les facteurs de stress de la vie d'un individu. En outre, il a été montré que l'importance des événements de vie dans le déclenchement des accès maniaques et dépressifs a tendance à se réduire au fur et à mesure des récurrences.

Si des facteurs développementaux et de vie ont pu être impliqués dans le déclenchement de certains épisodes aigus chez les patients souffrant de trouble bipolaire, il semble difficile d'en faire une véritable hypothèse étiologique du trouble bipolaire.

16 Existe-t-il un gène du trouble bipolaire ?

Non, il n'a pas été possible d'identifier un gène particulier qui serait « responsable » de la maladie. Les données les plus solides ont impliqué les chromosomes 6 et 8 (sur les 23 paires que compte l'espèce humaine, et qui constituent le patrimoine génétique d'un individu).

L'héritabilité du trouble bipolaire est d'au moins 60 % (voir la question correspondante de cet ouvrage). Les moyens de recherche en génétique se sont considérablement développés au cours des vingt dernières années, notamment avec les études à grande échelle dites « pangénomiques ». Ces études cherchent à identifier dans l'ensemble des gènes existant une variation de l'ADN qui serait plus fréquente chez les sujets malades que chez des sujets sains.

Il est possible qu'il existe en fait une multitude de gènes dont chacun augmente faiblement le risque de développer la maladie. Un grand nombre de gènes « candidats » ont ainsi été associés au trouble bipolaire, mais la plupart de ces résultats n'ont pas été reproduits dans d'autres études. On peut tout de même remarquer que parmi les gènes les plus fortement associés au trouble bipolaire, un grand nombre est également mis en cause dans la schizophrénie, suggérant que les influences génétiques pour ces deux troubles sont en partie partagées (voir la question correspondante sur un continuum entre ces deux maladies).

Par ailleurs, ces possibles facteurs de risque génétiques pourraient ne conduire à la maladie que sous l'effet de facteurs extérieurs (stress, milieu environnant), au travers de ce que l'on appelle « les interactions gène-environnement ».

Il est donc probable que la part importante d'héritabilité dans le trouble bipolaire soit due à un terrain génétique dit « à risque » qui contribue à déclencher la maladie sous l'influence d'autres facteurs, psychiques ou environnementaux.

Le cerveau des patients souffrant de trouble bipolaire est-il normal lorsqu'on fait une IRM ?

Au cours des dernières décennies, les progrès de l'imagerie médicale ont permis d'étudier plus précisément le cerveau des patients souffrant de trouble bipolaire. Les techniques les plus utilisées actuellement reposent sur l'Imagerie par Résonance Magnétique (IRM). À ce jour, les résultats d'imagerie « structurale », c'est-à-dire concernant le volume global du cerveau ou sa morphologie ne permettent pas de conclure à des anomalies particulières.

Il est aussi possible d'étudier le fonctionnement des zones cérébrales par une technique dite d'IRM « fonctionnelle » : on induit une émotion chez un patient et il est possible de voir quelles zones cérébrales s'activent. Ces recherches ont permis de mettre en évidence en cas de trouble bipolaire une hyper-réactivité aux émotions dans les zones responsables de leur régulation, notamment l'amygdale. Le cortex préfrontal, impliqué dans les fonctions dites supérieures qui permettent un comportement adapté au contexte, a également une activité modifiée.

Une dernière technique appelée tractographie de fibre permet de connaître par quelles voies les différentes régions du cerveau communiquent entre elles. Les patients souffrant de trouble bipolaire présenteraient des anomalies de transmission entre le cortex et les structures plus profondes du cerveau.

Ces recherches portent sur un nombre limité de sujets, et dans des conditions expérimentales souvent assez éloignées du quotidien des patients. En extrapoler les conclusions à l'ensemble des patients souffrant de trouble bipolaire serait donc hasardeux. Cependant, des résultats prometteurs ont récemment été obtenus dans l'utilisation de l'imagerie pour identifier les enfants à risque de développer le trouble, et dans la réponse aux traitements. Dans les années à venir, il est donc possible que l'imagerie devienne un outil complémentaire pour améliorer la fiabilité du diagnostic et optimiser la prise en charge.

18 Est-ce de la faute des patients s'ils souffrent de trouble bipolaire ?

Non, il n'y a aucun argument scientifique qui permettrait d'affirmer que la survenue du trouble bipolaire chez un patient aurait pu être évitée si son comportement avait été différent.

On pense actuellement que la maladie se développe chez un individu qui regroupe un ensemble de conditions « défavorables » (voir les questions sur les causes du trouble) : une vulnérabilité biologique, associée à des facteurs environnementaux et des événements de vie stressants.

Malgré notre relative méconnaissance sur les causes du trouble, il peut arriver que les patients ou leur entourage se questionnent sur leur responsabilité dans sa survenue. Il est vrai que certains comportements, souvent jugés négativement d'un point de vue moral par la société, comme les consommations de drogues, la perte d'énergie ou l'irritabilité, sont associés au trouble bipolaire. Par exemple, l'usage de toxiques pourrait précipiter l'apparition de la maladie. Il est cependant probable que même en l'absence de drogue, le trouble se serait tôt ou tard déclaré.

Par ailleurs, lors d'un épisode dépressif, le ralentissement ou la perte d'espoir sont à distinguer d'une « faiblesse de caractère » ou d'une hypothétique mauvaise volonté (voir l'ouvrage sur la dépression chez le même éditeur). De même, lors d'un épisode maniaque, les dépenses inconsidérées ou l'hyperactivité sont très difficilement contrôlables par le patient. Il faut donc insister sur le fait que ces comportements sont avant tout un symptôme de la maladie et non leur cause.

Il ne s'agit pas pour autant de déresponsabiliser les patients dans leur prise en charge. Le meilleur moyen d'aider un patient à se soigner est, en plus de la prise des traitements, une approche psychothérapeutique s'appuyant avec bienveillance sur ce qui « fonctionne » encore chez lui pour travailler sur les « dysfonctionnements » résultants de la maladie.

19 J'ai entendu dire que le trouble bipolaire n'était qu'une invention de la société pour maintenir l'ordre social. Est-ce vrai ?

Non, même si au lendemain de la Seconde Guerre mondiale, les psychiatres ont pris conscience des limites et parfois de la violence liées à « l'enfermement des fous » dans les asiles. L'idée que la psychiatrie serait un instrument de pouvoir politique et non une institution médicale a alors donné naissance à un courant de pensée appelé « antipsychiatrie ». Ce courant affirme que les troubles psychiatriques seraient une construction de la société pour contrôler les sujets qui ne « rentreraient pas dans le rang », et qui questionneraient la société par leurs troubles du comportement. Selon cette théorie, la psychiatrie chercherait donc plus à protéger le confort de la société, que la personne qui présente les troubles. Parmi les théories de l'antipsychiatrie, il y a aussi l'idée que c'est l'asile qui crée la folie.

Ces théories sont certes nées en réaction à la violence de l'institution asilaire de la fin du XIXe siècle et du début du XXe siècle. Mais en voulant supprimer tous les hôpitaux psychiatriques, ou en niant l'existence même de la maladie mentale, elles sont probablement allées trop loin. Par exemple, la fermeture de la majorité des lits de psychiatrie en Italie a conduit à ce que de nombreux patients se retrouvent livrés à eux-mêmes, sans lieu de vie et sans soins.

Les théories de l'antipsychiatrie sont parfois détournées de leur essence (celle d'un questionnement des pratiques et de la psychiatrie en général) par certains mouvements que l'on peut considérer comme « sectaires » qui les reprennent pour recruter des membres. Le risque est de présenter les usagers de la psychiatrie comme des victimes de celle-ci, quitte à nier la souffrance des patients.

S'il est toujours important de questionner la validité des théories et des pratiques psychiatriques, il nous semble qu'il convient de garder une certaine raison et une attitude soignante : un patient souffrant de trouble bipolaire doit en effet avoir la possibilité de trouver sa place dans la société mais pas aux dépens des soins. L'objectif de la psychiatrie d'aider le patient à retrouver son autonomie ne passe pas par la négation d'une pathologie ou des soins.

20 Quelle est la définition de « trouble bipolaire » ?

Le trouble bipolaire peut être assimilé à une variation « exagérée » de l'humeur. Par « exagérée », on entend une variation d'intensité inhabituelle et de durée importante. En particulier, il faut distinguer les « phases maniaques ou dépressives » des fluctuations dites « normales » de l'humeur. Ces dernières correspondent aux différents états d'humeur que traverse un individu, souvent déterminés par les événements de vie qu'il rencontre.

On appelle « épisode maniaque » une élévation de l'humeur au-delà de la normale pour un individu donné (donc contrastant avec son fonctionnement habituel) et de façon non « réactionnelle » à un événement (type « bonne nouvelle »). Pour parler d'épisode maniaque, selon les critères du DSM IV (Manuel Diagnostique et Statistique des Troubles Mentaux, détaillé dans la question sur les classifications de cet ouvrage), il faut que cet état d'humeur élevée (les symptômes sont abordés plus précisément dans une question spécifique) dure plus d'une semaine (ou alors qu'il nécessite une hospitalisation) et que cet état thymique se répercute sur la vie sociale, familiale ou professionnelle de l'individu.

On appelle « épisode dépressif » une baisse de l'humeur très importante (par rapport au fonctionnement habituel de l'individu) d'une durée supérieure à 2 semaines (selon les critères du DSM IV).

On appelle « épisode hypomaniaque » une élévation de l'humeur au-delà de la normale pour un individu donné mais qui ne remplit pas les critères d'épisode maniaque. Il faut, pour parler d'épisode hypomaniaque que les symptômes (les mêmes que ceux de l'épisode maniaque, d'intensité moindre) durent plus de quatre jours.

Le schéma ci-dessous illustre de façon simplifiée ces différentes définitions.

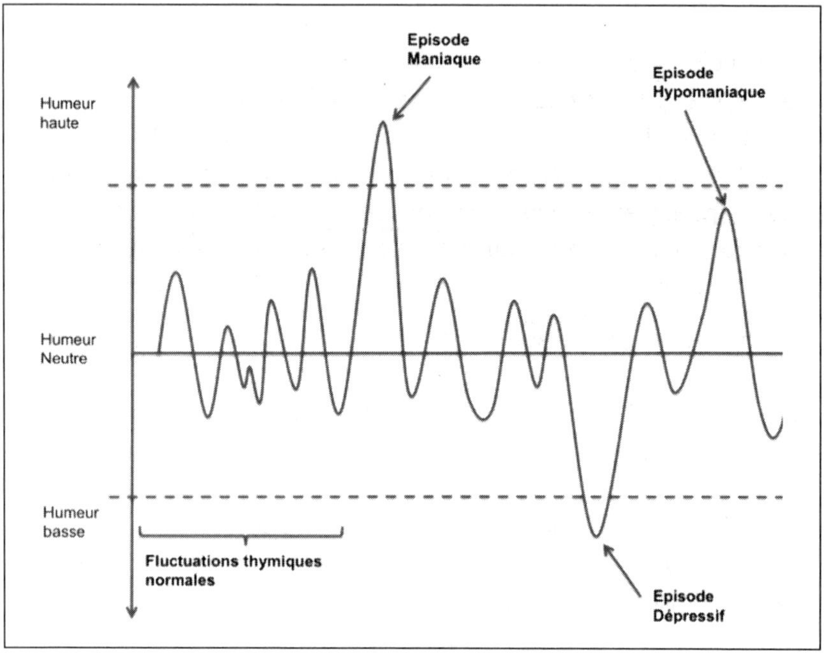

Diagnostic

Ainsi, il est important de différencier ces épisodes de variation de l'humeur (ou épisodes « thymiques ») définissant le trouble bipolaire des fluctuations de l'humeur liées à des événements de vie (heureux ou malheureux) ou à des structures de personnalité.

Quels sont les types de trouble bipolaire ? 21

Selon la nature des épisodes présentés par un patient, leur intensité et leur rythmicité, plusieurs types de troubles bipolaires sont définis.

Le trouble bipolaire de type I (TB I) est défini par l'existence d'un épisode maniaque. L'existence éventuelle d'antécédents d'épisodes de troubles de l'humeur est possible mais n'est pas nécessaire à l'établissement du diagnostic. Ainsi, un épisode maniaque suffit au diagnostic de TB I. Mais les patients souffrant de trouble bipolaire de type I peuvent, bien évidemment, également présenter des épisodes dépressifs ou hypomaniaques.

Le trouble bipolaire de type II (TB II) est défini par l'existence d'un ou plusieurs épisodes dépressifs majeurs et d'au moins un épisode hypomaniaque. En sont donc exclus les patients ayant présenté un épisode maniaque (et appartenant au trouble bipolaire de type I par définition).

Le trouble bipolaire de type III (TB III) est défini par l'existence d'un virage maniaque suite à l'introduction d'un traitement médicamenteux (souvent par antidépresseur).

Ces trois types sont les plus consensuels. Certains auteurs en décrivent un type IV et un type V.

Les patients souffrant d'épisodes mixtes (voir question spécifique de cet ouvrage) sont rattachés au trouble bipolaire de type I par certains.

Le schéma ci-dessous illustre ces définitions

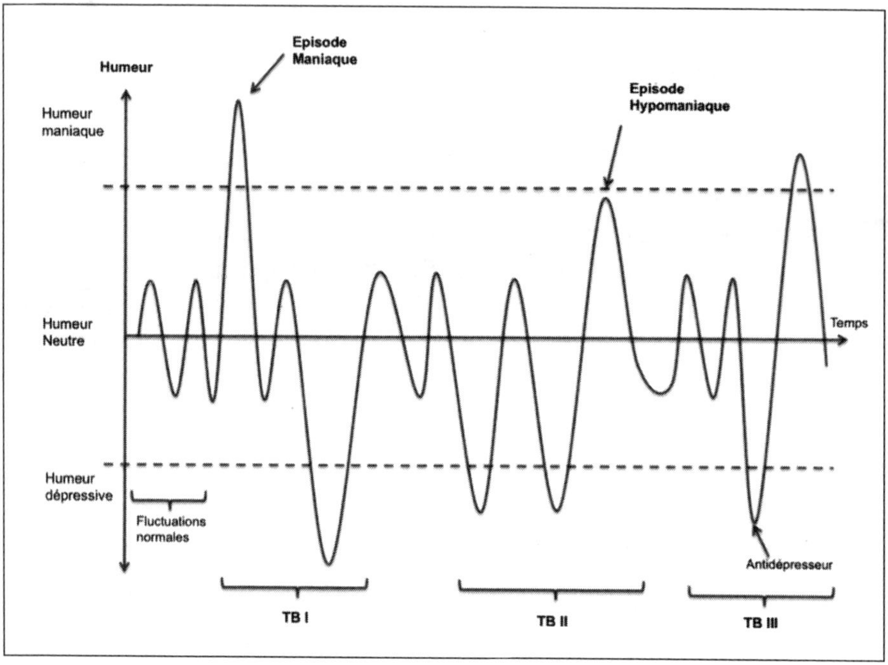

À ces trois grands types de trouble bipolaire sont rattachés d'autres types que sont les troubles à récurrence saisonnière ou de type cyclothymique (faisant l'objet d'une question de cet ouvrage).

Diagnostic

22 Comment le trouble bipolaire apparaît-il dans les classifications internationales ?

Il existe plusieurs classifications internationales dont les plus couramment utilisées sont la Classification Internationale de Maladies (CIM) et le DSM (Diagnostic and Statistical Manual of Mental Disorders).

Dans la 10e édition de la CIM (CIM-10), publiée par l'Organisation Mondiale de la Santé (OMS) en 2006 et actuellement utilisée, le trouble bipolaire est rattaché au chapitre 5 dit des « troubles mentaux et du comportement ». Plus précisément, il appartient au sous-groupe des troubles de l'humeur et est décrit sous ses différentes formes : l'épisode actuel est défini [hypomane ou maniaque, codes F30.0, F30.1, F30.2, F30.8 et F30.9], le trouble bipolaire également [codes F31.0 à F31.9, selon l'épisode actuel], tout comme le trouble cyclothymique [F34.0]. La classification CIM-10 est utilisée pour l'évaluation des actes médicaux en France. Elle est actuellement en cours de révision.

Dans le DSM-IV-TR (4e édition du DSM, révisée en 2000), publié par l'Association Américaine de Psychiatrie (APA), le trouble bipolaire s'inscrit dans les troubles de « l'axe 1 », troubles dits « cliniques ». Les épisodes dépressif, maniaque, mixte et hypomaniaque y sont classés. Le type de trouble bipolaire est lui aussi détaillé, en fonction du type et de l'épisode actuel. Les codes correspondent sensiblement à ceux de la CIM-10. Une 5e version du DSM (DSM-V) est en cours de réalisation, prévue pour 2013.

Une troisième classification, bien moins répandue, est la classification de l'école de Wernicke-Kleist-Leonhard datant de 1968. Cette dernière classification permet une richesse dans la description séméiologique mais reste peu utilisée et souffre de sa complexité.

Il existe un vif débat sur la pertinence de ces classifications internationales : leur objectif était initialement de faciliter la recherche en permettant de s'entendre sur les critères diagnostiques d'un trouble, mais elles sont désormais utilisées quotidiennement par un grand nombre de psychiatres. Il est donc important d'affirmer que c'est en s'appuyant sur des critères les plus fiables et objectifs possibles, mais également sur la part de subjectivité qui existe dans chaque rencontre médecin-malade (le « colloque singulier ») que le diagnostic le plus précis peut être posé.

Le trouble bipolaire est défini par les critères des classifications internationales. Cependant, il existe un grand nombre de patients qui décrivent des variations de l'humeur ayant un impact sur leur vie, sans que leurs symptômes ne correspondent aux définitions de ces classifications.

C'est la raison pour laquelle certains psychiatres pensent qu'il faut définir le trouble bipolaire d'une façon plus souple que celle utilisée actuellement. Ils proposent donc de définir le trouble bipolaire par un « spectre » plus large, et dont les différentes formes seraient :

- le trouble schizobipolaire (association de symptômes schizophréniques et bipolaires)
- la manie ;
- l'état mixte ;
- la dépression avec hypomanie ;
- les épisodes hypomaniaques induits par les traitements antidépresseurs, de même que ceux associés aux tempéraments cyclothymiques ;
- les dépressions récurrentes (« pseudo-unipolaires ») associées à des antécédents familiaux de troubles bipolaires ou de dépressions récurrentes ayant été soignées avec succès par des régulateurs de l'humeur.

On le voit, cette définition qui regroupe un grand nombre de formes de troubles psychiatriques avec variations de l'humeur a un « spectre » bien plus large que la définition actuelle. En utilisant cette définition, le trouble bipolaire toucherait plus de 4 % de la population.

La notion de « spectre bipolaire » n'est pas à ce jour reprise dans les classifications internationales, et elle présente le risque de sur-diagnostiquer ou de mal diagnostiquer certains patients. Cependant, elle permet de rappeler que les critères diagnostics actuels ne sont pas parfaits et que certains épisodes pathologiques se situent à la frontière entre plusieurs troubles (comme certains troubles schizophréniques avec d'importantes variations de l'humeur).

24 Le trouble schizo-affectif, une approche dimensionnelle du trouble bipolaire ?

Décrit depuis le milieu du XIXe siècle, le trouble schizo-affectif est une entité clinique individualisée en France sous le nom de schizophrénie dysthymique.

Selon les critères du DSM IV (Manuel Diagnostique et Statistique des Troubles Mentaux, détaillé dans la question sur les classifications de cet ouvrage), le trouble schizo-affectif appartient à la catégorie « schizophrénie et autres troubles psychotiques ». Il est défini par la présence simultanée de symptômes de schizophrénie (c'est-à-dire les symptômes dits « positifs » ou « négatifs » décrits dans cet ouvrage) et soit d'un épisode dépressif majeur, soit d'un épisode maniaque soit d'un épisode mixte de l'humeur. Il s'agit donc d'une entité « intermédiaire » entre trouble bipolaire et schizophrénie.

Selon certaines études, les patients souffrant de trouble schizo-affectif pourraient représenter entre 8 et 10 % des patients psychotiques. Ce type de trouble toucherait davantage les femmes que les hommes (deux femmes pour un homme). Enfin, les patients souffrant de troubles schizo-affectifs ont une évolution de leur maladie plus favorable que ceux souffrant de schizophrénie seule mais moins bonne que ceux souffrant de trouble bipolaire seul.

Certains auteurs et certaines classifications (voir le chapitre correspondant dans cet ouvrage) font du trouble schizo-affectif une forme de schizophrénie avec des troubles de l'humeur tandis que d'autres le rattachent à un type de trouble bipolaire qui serait caractérisé par une persistance des symptômes psychotiques lors de phases inter-critiques (entre les épisodes aigus). Il semble en réalité plus juste de parler d'un continuum entre la schizophrénie, le trouble schizoaffectif et le trouble bipolaire.

Ce débat vient bousculer la représentation catégorielle de la psychiatrie selon laquelle, en fonction des symptômes, un patient serait soit atteint de schizophrénie, soit de trouble bipolaire (vision dichotomique). De nombreux auteurs lui préfèrent l'idée d'un abord dimensionnel des maladies psychiatriques : il existerait des formes intermédiaires qui formeraient un continuum entre deux maladies.

25 Existe-t-il un continuum entre trouble bipolaire et schizophrénie ?

C'est une question sujette à débat.

En 1921, le psychiatre allemand Emil Kraepelin formalise le diagnostic de « psychose maniaco-dépressive » (le nom utilisé à l'époque pour désigner le trouble bipolaire), qu'il distingue de la schizophrénie.

Depuis, le débat sur l'existence d'un continuum ou d'une discontinuité entre ces deux diagnostics n'a cessé d'exister. Toutes les classifications actuelles distinguent nettement trouble bipolaire et schizophrénie, même si des catégories intermédiaires ont été ajoutées, telles que le « trouble schizo-affectif ». Ce dernier diagnostic s'applique à des patients présentant à la fois des symptômes d'allure schizophrénique et des fluctuations pathologiques de l'humeur (voir question précédente).

Le généticien anglais Nick Craddock est un des ardents défenseurs de la théorie du continuum. Des études de familles dans lesquelles un membre était atteint de l'une des deux maladies ont montré une augmentation du risque pour les autres membres de la famille de développer indifféremment l'un ou l'autre des troubles, suggérant des facteurs de risques génétiques communs. On peut également citer le fait que désormais certains traitements dits « antipsychotiques », initialement utilisés dans la schizophrénie, sont employés pour soigner le trouble bipolaire.

Ces résultats n'impliquent cependant pas que les deux maladies soient identiques : par exemple chaque maladie possède des facteurs de risque génétiques qui lui sont propres. Il est probable qu'il existe un chevauchement entre les deux entités (schizophrénie et trouble bipolaire) : d'une part le trouble bipolaire, de l'autre la schizophrénie, et une continuité de formes intermédiaires qui emprunteraient des symptômes à chacune.

Ces données pourraient nous conduire à considérer les maladies psychiatriques sous un angle nouveau : plutôt que de faire entrer le patient dans une « catégorie » (approche catégorielle), on cherchera à évaluer certaines « dimensions » (approche dimensionnelle), comme le niveau de l'humeur (de triste à euphorique) ou de désorganisation de la pensée.

Diagnostic

26 Existe-t-il des échelles d'évaluation de la bipolarité ?

Oui, même si le diagnostic de trouble bipolaire est uniquement clinique. Il est posé par un spécialiste à partir de l'état actuel et des antécédents de trouble de l'humeur chez le patient et dans sa famille.

Il existe cependant des échelles utilisées pour l'évaluation de l'intensité des épisodes dépressifs ou maniaques. Ces outils sont surtout utilisés en recherche, mais aussi en appoint pour l'affirmation du diagnostic ou de l'intensité de l'épisode en cours. Ces échelles ont été l'objet d'études de validité, de sensibilité et de spécificité. Elles ont été validées en langue française.

Les échelles d'évaluation utilisées lors d'un *épisode dépressif* bipolaire sont les mêmes que pour la dépression. Il existe plusieurs types d'outils : échelles d'hétéro-évaluation (remplies par les soignants) ou d'auto-évaluation (remplies par le patient lui-même). On peut notamment rappeler les échelles comme la MADRS (Montgomery et Asberg Depression Rating Scale), la HAM-D ou HDRS (échelle de dépression de Hamilton) le diagramme Hard de Ferreri ou encore les « auto-questionnaires » remplis uniquement par le patient comme l'inventaire abrégé de Beck (cette question est plus largement traitée dans l'ouvrage *100 Questions-Réponses sur la Dépression*, éditions Ellipses).

Pour l'évaluation d'un *épisode maniaque*, parmi les échelles d'hétéro-évaluation, les plus utilisées sont l'échelle de manie de Bech et Rafaelsen (*Mania Scale, MAS*), l'échelle de Young (*Young Mania Rating Scale, YMRS*), l'échelle de Blackburn (*Modified Manic State Rating Scale, MMS*), l'échelle de Secunda (*Manic Diagnostic and Severity Scale, MADS*), l'échelle de Bowden (*Manic Rating Scale, MRS*) et enfin l'échelle de Hardy (Échelle biaxiale d'Évaluation des États Maniaques). Les échelles d'auto-évaluation (appelés aussi auto-questionnaires) sont l'échelle de Angst (*Checklist of Hypomania*), celle de Shugar (*Self-Report Inventory of Mania*) et celle de Hunter (*Manic Scale from the Symptom Check-List 90*).

Ainsi, il n'existe pas d'échelle pour le diagnostic de la bipolarité (qui est clinique rappelons-le !) mais des outils permettant d'évaluer l'intensité de l'épisode dépressif ou maniaque en cours, et plus récemment de la notion de réactivité de l'humeur.

27 Existe-t-il un test diagnostique pour le trouble bipolaire ?

Non, malgré les progrès dans le domaine de la biologie (génétique, pharmacologie, imagerie) et de la psychologie (étude des processus de pensée, du comportement, des émotions), il n'existe pas à ce jour de test diagnostique fiable du trouble bipolaire.

Le diagnostic reste entièrement fondé sur l'examen clinique et notamment l'entretien du médecin spécialiste avec le patient, en s'appuyant sur l'histoire familiale (antécédents de trouble bipolaire, schizophrénique ou dépressif), la chronologie d'apparition et la nature des symptômes. Des examens complémentaires comme une prise de sang, un scanner ou une IRM du cerveau peuvent être utilisés dans la démarche diagnostique, mais pour exclure une autre maladie qui pourrait expliquer les symptômes présentés par le patient (on parle alors de « diagnostic différentiel », traité dans une autre question de ce livre).

Le diagnostic s'appuie sur un certain nombre de critères (qualité de l'humeur, durée, etc.), décrits dans la Classification Internationale des Maladies (CIM) de l'Organisation Mondiale de la Santé (OMS), ou le Manuel Diagnostic et Statistique des maladies mentales (DSM) de l'Association Américaine de Psychiatrie (APA). Ces critères diagnostiques sont eux-mêmes loin d'être parfaits car souvent trop réducteurs, mais ont l'avantage de permettre de parler un langage commun pour décrire le trouble, et donc d'établir une base commune pour pouvoir échanger des informations entre médecins, chercheurs, patients et familles.

Au total, c'est donc en s'appuyant sur des données objectives, mais également sur la part de subjectivité qui existe dans chaque rencontre médecin-malade (le « colloque singulier ») que le diagnostic le plus précis peut être posé.

En sciences « dures », la notion de normalité n'existe pas. Les atomes suivent la loi physique qui décrit leur comportement, sans qu'une valeur positive ou négative ne soit attribuée à ce comportement. Au contraire, en médecine, on distingue ce qui est normal (un cœur dit « sain » par exemple) de ce qui ne l'est pas (un cœur dont les artères se bouchent). Une valeur « positive » ou « négative » est donc associée aux phénomènes décrits. C'est ainsi qu'en médecine en général, et en psychiatrie en particulier, les diagnostics s'appuient sur la notion de « normalité » : est normal (valeur positive) d'un point de vue médical ce qui permet la vie, est anormal (valeur négative) ce qui conduit au handicap ou à la mort.

Ainsi, dans le trouble bipolaire, un des critères de l'épisode maniaque sera une humeur anormalement euphorique. Dans le cas d'une humeur manifestement exaltée comme lors d'un épisode maniaque, le doute n'est pas permis quant à l'anormalité ; dans le cas de l'hypomanie en revanche, la notion de normalité et d'anormalité est plus difficile à préciser, en particulier pour les patients.

Comment alors déterminer qu'une humeur est anormale ? Cette évaluation repose non seulement sur l'état de l'humeur en elle-même, mais aussi sur l'interaction entre l'individu et son environnement. L'humeur sera anormalement élevée si elle est inadaptée aux circonstances de façon durable, et si elle a un retentissement sur le fonctionnement du sujet. On voit donc que cette estimation relève de la subjectivité du patient, de la personne qui évalue l'humeur, et du contexte dans lequel ils se trouvent (environnement, société, etc.).

Ainsi, il est impossible de définir chez un sujet une humeur ou un comportement comme « anormaux » sans les intégrer dans leurs contextes et sans tenir compte de leurs conséquences sur le sujet et son environnement.

29 Peut-on parler d'« hyper-réactivité émotionnelle » chez les patients souffrant de trouble bipolaire ?

Oui, le concept d'« hyper-réactivité émotionnelle » est proposé par certaines équipes de psychiatres pour permettre une meilleure compréhension et description du trouble bipolaire.

Si le trouble bipolaire est défini par des phases de troubles de l'humeur caractérisées (épisode maniaque, dépressif ou hypomaniaque), les facteurs de rechute restent mal connus. Un facteur explicatif des rechutes serait « l'hyper-réactivité émotionnelle ». Elle est bien connue lors des épisodes aigus de trouble de l'humeur : les patients ont alors des émotions beaucoup plus réactives aux événements de vie.

Les études récentes tendent à démontrer que cette « hyper-réactivité émotionnelle » serait présente dans toutes les phases du trouble bipolaire : aussi bien en aigu que lors des phases intercritiques (entre deux épisodes aigus). Elle peut être définie comme la sensibilité émotionnelle particulière des patients aux événements de vie : ainsi, un stress ou des événements de vie considérés comme « mineurs » (au sens des répercussions émotionnelles qu'ils peuvent engendrer) pour des sujets non bipolaires provoquerait, chez les patients souffrant de trouble bipolaire, une émotion disproportionnée pouvant déboucher sur une rechute.

Les patients souffrant de trouble bipolaire seraient alors caractérisés par une vulnérabilité émotionnelle se manifestant par une tendance à réagir « avec des émotions disproportionnées » aux événements de vie même « mineurs ». Il est cependant important de rappeler que cette « hyper-réactivité émotionnelle » n'est pas retrouvée que chez ces patients et peut être présente chez de nombreux autres individus (notamment dans certains troubles de la personnalité).

Qu'appelle-t-on « cycles rapides » ? 30

Le trouble de l'humeur dit « à cycles rapides » est une forme de trouble bipolaire.

Il est défini selon le DSM IV (Manuel Diagnostique et Statistique des Troubles Mentaux, détaillé dans la question de cet ouvrage sur les classifications) par l'existence chez un patient souffrant de trouble bipolaire d'au moins 4 épisodes thymiques au cours des 12 derniers mois. Ces épisodes doivent répondre aux critères d'Épisode Dépressif Majeur (EDM), de manie ou d'hypomanie (comme définis dans les questions spécifiques de cet ouvrage). Pour porter le diagnostic, il est nécessaire que 2 épisodes consécutifs soient séparés par au moins 2 mois passés en rémission, ou alors qu'il existe un virage de l'humeur vers l'humeur opposée (afin de ne pas confondre avec la rechute d'un même épisode).

Cette définition permet donc d'individualiser une population de patients souffrant de trouble bipolaire à l'humeur particulièrement instable et qui présentent une morbidité (existence de complications ou de comorbidités) plus importante que chez les autres patients. Le diagnostic est difficile à poser (plusieurs évaluations sont en effet nécessaires) malgré une souffrance importante sur le plan social, personnel et familial engendrée par la grande variabilité de l'humeur.

Les cycles rapides compliquent également la prise en charge thérapeutique et notamment médicamenteuse. En effet, les patients présentant ce type de trouble bipolaire sont souvent difficiles à stabiliser et la répétition des épisodes complique la prescription. Par exemple, l'introduction chez ces patients d'un traitement antidépresseur qui pourrait être indiqué lors d'une phase dépressive devient contre-indiqué lors d'une phase d'exaltation de l'humeur (manie ou hypomanie), rendant complexe l'observance et la stabilisation thérapeutique sur le long terme. Le choix du traitement régulateur de l'humeur répond lui aussi à des critères particuliers dans cette population de patients souffrant de troubles bipolaires à cycles rapides.

Ainsi, le trouble bipolaire à cycles rapides est une forme clinique nécessitant une prise en charge adaptée et un suivi rapproché par un ou des spécialistes.

Diagnostic

31 Qu'est-ce qu'être cyclothymique ?

Le trouble cyclothymique est une forme « atténuée » du trouble bipolaire. Il se caractérise par une dérégulation de l'humeur, qui alterne rapidement entre de courtes phases (quelques jours) de dépression légère d'une part (avec repli sur soi, timidité, tristesse, pessimisme, inertie, manque d'assurance, difficultés à se concentrer et à faire des choix) et d'hypomanie d'autre part (avec désinhibition, hyperactivité, activité intellectuelle intense, optimisme voire assurance présomptueuse et prise de risques). Les phases où l'humeur est « neutre » et stable sont rares, et les changements rapides de l'humeur ne sont le plus souvent pas déclenchés par des événements de vie particuliers.

L'usage de multiples substances addictives (tabac, cannabis, alcool et autres drogues) est fréquent (50 % des cas), et pourrait être une dangereuse tentative d'automédication, le patient cherchant un moyen d'apaiser ses « sautes d'humeur ».

Ces fluctuations incessantes de l'humeur et l'instabilité qui leur est liée ont souvent un retentissement majeur sur la trajectoire de vie des patients : difficultés à poursuivre des études, et ruptures relationnelles et professionnelles multiples.

Certains psychiatres pensent que le trouble cyclothymique touche un grand nombre de personnes, notamment d'adolescents, qui présentent une grande instabilité dans leurs émotions et leurs comportements (voire le chapitre sur la notion de « spectre bipolaire » dans cet ouvrage). Rappelons que l'adolescence est par essence une période d'instabilité et que les choses ne sont donc pas définitivement fixées. Il convient donc d'être prudent pour ne pas étiqueter à tort et de manière précipitée un adolescent avec un diagnostic de maladie chronique et sévère, ou de méconnaître un autre diagnostic (voir le chapitre sur les diagnostics différentiels dans cet ouvrage).

Le diagnostic de trouble bipolaire est-il long à poser ? 32

Oui, il existe souvent un délai entre l'apparition des symptômes et l'établissement du diagnostic de maladie. Dans le cas du trouble bipolaire, ce délai peut être long. En effet, à l'exception de l'épisode maniaque inaugural qui signe le diagnostic de trouble bipolaire de type 1, il est souvent nécessaire d'observer la récurrence d'épisodes de troubles de l'humeur avant d'établir le diagnostic.

Certaines études estiment qu'un patient souffrant de trouble bipolaire consulte au moins trois médecins différents avant l'établissement du diagnostic et qu'il peut s'écouler cinq à six ans entre la première consultation et le diagnostic. Il faut ajouter à ce délai d'une part le temps écoulé entre l'apparition des premiers signes et la première consultation et d'autre part le temps entre l'évocation du diagnostic et le premier traitement. On estime ainsi qu'il peut s'écouler en moyenne presque dix ans entre les premiers signes et le premier traitement régulateur de l'humeur prescrit à un patient souffrant de trouble bipolaire. Ces délais sont évidemment très variables selon les patients et en fonction notamment de la facilité d'accès aux soins spécialisés et de la sensibilisation de l'entourage (notamment en cas d'antécédents de trouble bipolaire dans la famille).

Ce délai paraît extrêmement long au regard de la gravité évolutive du trouble bipolaire et de l'existence de traitements efficaces. Il est cependant lié aux caractéristiques mêmes de la maladie et à son évolution par phases, avec un retour à la normale entre les épisodes aigus.

Il est ainsi important de mettre l'accent sur le dépistage de ce trouble et sur la sensibilisation des médecins généralistes, des psychiatres mais aussi de la population aux signes du trouble bipolaire. En revanche, le diagnostic nécessite une période incompressible d'observation et de diagnostic pour ne pas être posé par excès (avec les risques de traiter à tort des patients).

33 Qu'appelle-t-on humeur ?

Le trouble bipolaire est généralement défini comme un trouble de l'humeur. Il paraît important de préciser ce qu'est l'humeur.

Le mot « humeur » vient du grec ancien et signifie « liquide ». C'est un état qui régit les émotions et les affects. Selon la définition du psychiatre Jean Delay, « l'humeur » ou « thymie » est la « disposition affective de base qui donne à chacun de nos états d'âme une tonalité agréable ou désagréable oscillant entre les deux pôles extrêmes du plaisir et de la douleur ». Dans le langage courant, le mot « moral » est celui qui se rapproche le plus du mot « humeur ».

L'humeur est un indicateur de nos états émotionnels. Elle varie en fonction des événements que nous rencontrons. Par les messages qu'elle génère au sein du cerveau, elle permet de donner une connotation négative ou positive aux événements et de modifier notre perception des choses. L'humeur est utile pour s'adapter aux événements et en tirer des informations. Elle participe ainsi aux processus d'apprentissages comme renforçateurs positifs ou négatifs en donnant une valeur à nos souvenirs, par exemple. Cela va nous servir de « repère » ultérieur par rapport à des situations données.

L'humeur est dite pathologique lorsqu'elle se traduit soit par une variation excessive ou disproportionnée, soit par une variation indépendante des événements extérieurs (et donc considérée comme « inadaptée »). L'humeur dépressive est un ressenti négatif de la relation que le sujet a au monde et par rapport à lui-même, se traduisant par de la tristesse et s'accompagnant de sentiments d'échec, de perte du plaisir ou des centres d'intérêt, de désespoir (voir ouvrage sur la dépression chez le même éditeur). L'humeur maniaque, au contraire, est une variation dans le sens « positif » de l'humeur, mais devient débordante ou « exagérée », s'accompagnant alors d'euphorie, d'exaltation et parfois de troubles du comportement (la manie est détaillée dans une question spécifique de cet ouvrage).

Le trouble bipolaire de l'humeur se conçoit alors comme une variation trop importante ou inadaptée de l'humeur tantôt vers la manie, tantôt vers la dépression.

L'accès maniaque (ou la manie) se définit comme un état d'excitation psychique caractérisé par une exaltation de l'humeur, une accélération psychomotrice avec parfois des idées délirantes et une méconnaissance des troubles. Cet état marque une rupture avec le fonctionnement habituel de la personne. Il doit être distingué de l'emploi du terme de « maniaque » dans la langue courante pour désigner une tendance à l'ordre ou à la propreté excessive.

La première caractéristique de l'épisode maniaque est une modification de l'humeur avec une tendance à l'exaltation se manifestant par une euphorie, un optimisme débordant, une désinhibition dans les contacts (tutoiement facile, contact familier et superficiel sans distinction selon l'interlocuteur), un sentiment de forme physique inébranlable et d'infatigabilité. L'humeur peut être très changeante d'un instant à l'autre.

Le second signe est l'accélération psychomotrice qui se définit par une difficulté de la concentration et une forte distractibilité, des difficultés à maintenir l'enchaînement des idées (passage du coq à l'âne, digressions importantes), un contact ludique avec jeux de mots et un flot de paroles difficile à arrêter (appelé logorrhée). À cette accélération « psychique » est généralement associée une accélération « motrice » avec une agitation importante, une augmentation des expressions physiques et des mimiques, parfois même des troubles du comportement (détaillés dans une question spécifique de l'ouvrage).

Il peut exister des éléments délirants (dans environ 30 à 50 % des cas) à type d'idées délirantes mégalomaniaques, mystiques, érotiques, de filiation divine ou de toute-puissance. Ces éléments délirants sont en général sous-tendus par une humeur positive et de grands élans d'optimisme. Ils peuvent mettre le patient en difficulté sur le plan social, professionnel ou personnel.

Le patient n'a que rarement ou partiellement conscience de ses troubles et des signes dits « somatiques » s'associent alors au tableau : insomnie quasi constante, mais sans fatigue pendant la journée, amaigrissement (par diminution de l'appétit et augmentation de l'activité physique), déshydratation et hypersudation.

L'ensemble de ces éléments constitue le tableau d'accès maniaque complet. Il peut bien entendu être partiel ou incomplet.

Qu'appelle-t-on épisode hypomaniaque ? 35

L'accès hypomaniaque (ou l'hypomanie) se définit comme une forme atténuée de manie. On entend par « atténuée » soit une intensité moindre des symptômes, soit une durée très brève de l'épisode, ou encore un tableau très incomplet. Pour parler d'hypomanie, il faut une durée minimale de l'épisode de quatre jours.

Dans cette situation il doit exister, pour parler d'épisode hypomaniaque, une rupture avec le fonctionnement habituel du sujet. Il est parfois difficile de faire la différence entre un tel épisode et une « simple » exaltation liée à une « bonne nouvelle » ou à un événement de vie positif. C'est l'intensité des signes et surtout leur durée sur plus de quatre jours qui viendront signer l'épisode maniaque.

En général, les épisodes hypomaniaques ne s'accompagnent pas d'éléments délirants et sont souvent pour les patients des périodes d'hyperexcitation relativement efficace et de productivité intense. À la différence de l'épisode maniaque, le diagnostic d'épisode hypomaniaque se fait généralement *a posteriori* étant donné que les patients n'ont pas conscience du caractère débordant de leur état et que les difficultés sont à la fois trop brèves et souvent pas assez bruyantes pour justifier l'appel au corps médical.

36 Le syndrome dépressif du trouble bipolaire est-il une dépression ?

Oui, la dépression du patient souffrant de trouble bipolaire regroupe les mêmes signes (ou symptômes) que ceux de l'épisode dépressif majeur, c'est-à-dire caractérisé, « classique » (décrits dans un ouvrage spécifique de la même collection).

Les dimensions dépressives retrouvées sont ainsi l'humeur dépressive, le ralentissement psychomoteur et des signes somatiques. L'humeur dépressive s'exprime sous forme d'une tristesse dite pathologique associée fréquemment à une angoisse importante et parfois à des idées noires, une péjoration de l'avenir ou des idées suicidaires. Le ralentissement psychomoteur s'exprime par une diminution de l'activité tant psychique que motrice. Enfin, on trouve des signes somatiques à type de fatigue, parfois de douleurs, de troubles du sommeil ou de l'appétit.

Les épisodes dépressifs dans le trouble bipolaire sont en général des tableaux assez complets et d'intensité importante. Il n'est pas rare qu'ils prennent la forme de tableaux mélancoliques (décrits dans la question suivante de cet ouvrage).

Ainsi, sur le plan clinique, les épisodes dépressifs des patients souffrant de trouble bipolaire ne diffèrent pas de la dépression chez les autres patients. Son traitement, en revanche, peut être différent et son abord doit nécessairement prendre en compte la notion de bipolarité, de répétition des épisodes et d'alternance avec des phases d'humeur exaltée.

Il est important de préciser la définition médicale et psychiatrique de la mélancolie. En effet, dans le langage littéraire, le terme de mélancolie désigne « le sentiment d'une tristesse vague et douce, dans laquelle on se complaît, et qui favorise la rêverie désenchantée et la méditation » (dictionnaire *Trésor de la Langue Française*).

En psychiatrie, le terme de mélancolie correspond à un tableau clinique regroupant une symptomatologie dépressive intense, une douleur morale, des idées délirantes et un fort risque suicidaire. La symptomatologie dépressive est quasi complète et poussée à son extrême avec parfois un ralentissement psychomoteur complet se manifestant par une prostration, un mutisme et une perte des interactions avec l'environnement. Les idées délirantes ont des thématiques communes à type de ruine (« j'ai tout perdu »), d'indignité (« je ne suis plus digne de vivre, laissez-moi mourir »), de culpabilité (les patients se pensent responsables d'événements de vie à tonalité triste ou dramatique), d'auto-accusations ou de dévalorisation. La douleur morale intense et l'angoisse majeure complètent le tableau clinique. Cette symptomatologie dépressive est associée à des idées suicidaires quasi permanentes qui peuvent mener à un passage à l'acte suicidaire fréquent.

Le diagnostic de mélancolie n'est pas rare en phase dépressive chez les patients souffrant de troubles bipolaires et représente un élément de gravité nécessitant une prise en charge spécialisée urgente. L'hospitalisation en milieu psychiatrique protégé est presque toujours nécessaire tant la souffrance et l'état clinique du patient justifient un traitement sans délai.

38 Qu'appelle-t-on « épisode mixte » ?

L'épisode mixte est une entité du trouble bipolaire. Il s'agit d'un épisode aigu de trouble de l'humeur qui regroupe en même temps des symptômes dépressifs et maniaques.

Ainsi, en cours d'épisode mixte coexistent des symptômes dépressifs (voir question correspondante de cet ouvrage) et maniaques (voir question correspondante de cet ouvrage). La durée d'un tel épisode doit dépasser 1 semaine pour pouvoir affirmer le diagnostic.

Les variations rapides de l'humeur et la coexistence d'états d'humeurs habituellement opposés (exaltation et tristesse par exemple) rendent difficile le diagnostic d'épisode mixte.

En outre, les épisodes mixtes sont surtout un défi pour la prise en charge. Les patients souffrant de tels épisodes présentent un risque majeur de passage à l'acte suicidaire (ils sont excités sur le plan psychomoteur et en même temps expriment une tristesse intense) et de recours à des toxiques (alcool, drogues). La prise en charge des épisodes mixtes est ainsi une urgence thérapeutique.

Leur traitement médicamenteux est lui aussi particulièrement délicat : les antidépresseurs sont proscrits, certains régulateurs de l'humeur sont moins efficaces que d'autres et il est souvent nécessaire d'hospitaliser afin de diminuer temporairement l'agitation et de permettre une surveillance et un retour progressif à une humeur normale.

Un patient souffrant de trouble bipolaire peut-il délirer ? 39

Oui, le délire peut faire partie des symptômes de l'épisode maniaque ou mélancolique (dépression sévère). Il est alors le plus souvent manifeste et n'est donc pas très difficile à identifier. Cependant, il arrive que des idées « à la limite » du délire passent plus inaperçues.

Définir le délire n'est pas une chose simple. Selon le dictionnaire *Petit Larousse*, il s'agit « d'un trouble psychique caractérisé par des idées en opposition manifeste avec la réalité ou le bon sens et entraînant la conviction du sujet (ou de la personne) ». Toute croyance erronée n'est évidemment pas une idée délirante, et ce qui caractérise le délire est donc non seulement son contenu, mais aussi comment celui-ci s'intègre dans le système de pensée de l'individu.

Le délire peut être décrit par un ensemble de caractéristiques : thème, mécanisme, organisation, adhésion et durée. Parmi les thèmes, on peut identifier des idées mégalomaniaques ou de grandeur, mystiques, de persécution, ou encore passionnelles (jalousie, érotomanie c'est-à-dire certitude d'être aimé par l'autre), un syndrome « d'influence » (idée que le patient est sous l'emprise d'une force extérieure qui influence ses pensées ou ses actes), ou des idées de référence (le patient croit que les paroles ou signes extérieurs s'adressent systématiquement à lui, par exemple que le présentateur télé s'adresse à lui spécifiquement).

Le mécanisme peut être imaginatif ou intuitif (sans élément de réalité), interprétatif (interprétation univoque erronée de la réalité), ou hallucinatoire. Enfin, on porte également attention à l'organisation plus ou moins structurée (la « crédibilité ») du délire, sa durée et l'adhésion que le patient lui porte (capacité à critiquer le délire ou à « prendre de la distance » avec les éléments délirants). Le plus souvent, la conviction délirante est très forte lors des épisodes maniaques ou dépressifs sévères, et a un retentissement émotionnel intense : idées mégalomaniaques de grandeur dans l'épisode maniaque, ou idée délirante de culpabilité et d'indignité dans l'épisode mélancolique.

Le délire n'est pas spécifique du trouble bipolaire et peut être le symptôme d'autres troubles psychiatriques (schizophrénie par exemple) ou organiques.

La catatonie est définie par l'association de comportements anormaux tels que l'immobilité, le maintien prolongé de postures singulières, la raideur musculaire, l'imitation des mouvements (échopraxie) et des phrases (écholalie) d'autres personnes, l'absence de parole (mutisme) ou le fait de s'exprimer par des murmures incompréhensibles. C'est une des complications qui peut survenir au cours du trouble bipolaire.

Elle était relativement fréquente au XIXe siècle, mais est devenue bien plus rare depuis la deuxième moitié du XXe siècle, probablement grâce à la découverte et à l'utilisation des traitements médicamenteux en psychiatrie.

La catatonie peut survenir au cours d'un épisode aigu du trouble bipolaire, qu'il soit maniaque ou dépressif. Exceptionnellement mortelle, son pronostic, sous traitement anxiolytique à fortes doses (benzodiazépines) ou électroconvulsivothérapie reste relativement favorable. Un traitement par médicament régulateur de l'humeur sera le plus souvent ajouté ou maintenu. Étant donné la sévérité des troubles comportementaux, une hospitalisation est toujours nécessaire.

La catatonie n'est pas spécifique du trouble bipolaire. On la rencontre en effet dans 7 à 17 % des troubles mentaux aigus comme la schizophrénie et les troubles mentaux d'origine organique, en plus du trouble bipolaire. Elle constitue donc un syndrome à part dans le champ de la psychiatrie, et malgré les nombreuses hypothèses formulées, sa cause reste à ce jour mal connue.

41 Quels troubles du comportement sont les plus fréquents lors des épisodes maniaques ?

Les patients souffrant de trouble bipolaire peuvent présenter, en phase maniaque notamment, des troubles du comportement. On appelle trouble du comportement la réalisation d'actes qui ne correspondent pas au fonctionnement habituel du patient et qui ont potentiellement des conséquences sociales (voire judiciaires) importantes. Parfois, ces troubles du comportement sont sous-tendus par des éléments délirants, parfois ils sont simplement en lien avec l'exaltation de l'humeur.

On peut citer la familiarité excessive et une certaine désinhibition sexuelle souvent constatées chez les patients en phase maniaque. Plusieurs degrés existent, allant du simple « tutoiement excessif » à une véritable hypersexualité (avec augmentation de la libido et « avances insistantes »).

Il peut également exister, dans le contexte de l'illusion de toute-puissance du patient maniaque, des conduites automobiles à risque et des mises en danger de soi par non-perception de la dangerosité des actes.

Le trouble du comportement le plus souvent décrit chez les patients en phase maniaque est la réalisation d'achats (ou de ventes) inconsidérées. Dans son exaltation, le patient peut être amené à engager des dépenses inconsidérées par rapport à ses moyens, ses dépenses habituelles ou par leur caractère « incongru ». Il n'est ainsi malheureusement pas rare que des patients achètent des biens d'une forte valeur (voitures, maisons, etc.) ou se mettent à dépenser des sommes d'argent irraisonnées lors d'épisodes maniaques. Il en résulte souvent des difficultés financières qui doivent parfois être supportées bien au-delà de la fin de l'épisode aigu et parfois par l'ensemble de la famille.

Il existe une mesure de protection, la sauvegarde de justice, qui permet de mener *a posteriori* des actions en annulation pour des actes financiers qui auraient été commis lors d'épisodes maniaques. Cependant, la seule véritable protection pour un patient en phase maniaque est souvent l'hospitalisation, parfois sans son consentement.

42 Qu'appelle-t-on « troubles cognitifs », et le trouble bipolaire leur est-il associé ?

Les mécanismes de la pensée tels que la mémoire, la concentration, le raisonnement, ou les fonctions exécutives, qui permettent d'adapter le comportement au contexte, sont appelés « processus cognitifs ». L'étude de ces processus dans le trouble bipolaire n'est pas récente, puisque c'est en distinguant l'affaiblissement des capacités cognitives des patients que le psychiatre allemand Emil Kraepelin a distingué, à la fin du XIXe siècle, le trouble bipolaire de la schizophrénie. Cependant, ce n'est que récemment que les troubles cognitifs ont fait l'objet d'investigations poussées dans le trouble bipolaire.

Il existe une association entre trouble bipolaire et troubles cognitifs. Environ deux tiers des patients rapportent des troubles de la cognition, qui seraient plus importants dans le trouble bipolaire de type I. L'attention, la vitesse de traitement de l'information, la mémoire et les fonctions exécutives seraient touchées. Ces altérations cognitives surviennent aussi bien pendant les épisodes aigus qu'en dehors des épisodes maniaques ou dépressifs. Elles contribuent probablement aux difficultés de fonctionnement qu'éprouvent les patients dans leur quotidien.

Les causes en sont multifactorielles. L'importance des troubles serait associée au nombre d'épisodes, laissant supposer une neurotoxicité des récurrences, c'est-à-dire que chaque épisode pourrait laisser des dégâts au niveau des neurones, altérant la cognition. Même en dehors d'un épisode, des symptômes résiduels pourraient également expliquer ces difficultés. Par exemple, une humeur encore un peu élevée ou triste pourrait entraîner des difficultés de concentration.

Les traitements peuvent eux aussi avoir un effet sur la cognition, certains positifs, d'autres négatifs. Pour autant, les performances aux tests cognitifs resteraient stables sur 6 ans en présence d'un traitement par lithium.

43 Pourquoi faut-il porter une attention particulière au sommeil des patients souffrant de trouble bipolaire ?

Sommeil et trouble bipolaire sont intimement liés. Lors des épisodes maniaques, le besoin physiologique de sommeil est diminué (hyposomnie), alors que lors des épisodes dépressifs, on constate une insomnie ou au contraire un temps de sommeil augmenté (hypersomnie). Mais, même lorsque les patients ne sont pas en phase aiguë, leur sommeil est perturbé : près de 70 % des patients rapportent en effet des troubles du sommeil en dehors des épisodes.

Des perturbations du sommeil sont fréquemment un symptôme précoce (ou prodrome) d'un nouvel épisode maniaque ou dépressif à venir. Il a notamment été montré qu'un temps de sommeil moyen diminué ainsi qu'une grande irrégularité de la durée de sommeil sont associés à des épisodes maniaques et dépressifs plus sévères dans l'année suivante. Il a également été constaté que de nombreux patients présentent des troubles du sommeil plusieurs années avant le début du trouble bipolaire.

Il reste difficile de déterminer si les troubles du sommeil sont un symptôme précoce, un facteur précipitant, ou au contraire un symptôme résiduel intercritique (entre les « crises ») du trouble bipolaire. Ces trois possibilités ne s'excluent pas mutuellement, et il est probable que sommeil et humeur ont en permanence une influence réciproque l'un sur l'autre.

C'est pour toutes ces raisons que le sommeil des patients souffrant de trouble bipolaire doit faire l'objet d'une grande attention. Il est important de détecter rapidement l'apparition de difficultés de type insomnie, hypersomnie ou diminution du besoin de sommeil sans sentiment de fatigue, car elles peuvent être annonciatrices d'un nouvel épisode. De plus, toute perturbation du sommeil, même induite par une cause extérieure à la maladie (stress avant un examen, douleur physique), est à prendre en charge de manière la plus précoce possible afin d'éviter de précipiter une récurrence.

44 Qu'est-ce que « l'insight » ?

En anglais, le terme *insight* signifie perspicacité, aperçu. En psychiatrie, ce concept correspond à la capacité d'un patient à prendre conscience de ses symptômes, de leurs conséquences, et de la nécessité d'un traitement. Le niveau d'insight est en partie influencé par l'environnement culturel et social du patient.

Le niveau d'insight fluctue en fonction des phases de la maladie. Ainsi, chez un même patient, l'insight est diminué lors des épisodes aigus par rapport aux périodes de rémissions. L'insight est plus bas lors des épisodes maniaques que lors des épisodes mixtes ou dépressifs, et dans le trouble bipolaire de type II que dans le trouble bipolaire de type I.

Une diminution de l'insight est associée avec une diminution de l'observance des traitements et du niveau de fonctionnement quotidien. Par ailleurs, il semblerait qu'un insight plus élevé conduise à une tendance à présenter plus d'idées suicidaires, probablement du fait de la prise de conscience des symptômes et de leurs conséquences. Le degré initial de diminution de l'insight n'est pas corrélé avec la réponse aux traitements, mais a une influence à plus long terme sur l'impact de la maladie et sur le quotidien des patients.

Pour améliorer l'insight, plusieurs types d'interventions psycho-sociales ont été proposés. La principale est la psychoéducation, qui aurait un effet positif en aidant les patients à identifier leurs symptômes et à reconnaître l'intérêt et la nécessité d'un traitement. Des programmes de remédiation cognitive ont plus spécifiquement pour objet l'insight, mais restent à mettre en place et à évaluer dans le trouble bipolaire.

45 Un enfant peut-il souffrir de trouble bipolaire ?

Rédigé avec la collaboration du Dr de Montchenu

Le trouble bipolaire de l'enfant est une affection psychiatrique très controversée, mal connue et sous-évaluée. Sa symptomatologie chez l'enfant est spécifique, et souvent bien différente de celle de l'adulte. Pour étayer ce diagnostic difficile, le clinicien doit être particulièrement attentif aux antécédents familiaux de troubles de l'humeur d'une part, et aux symptômes de l'enfant d'autre part. Le délai de diagnostic est parfois très long et peut nécessiter plusieurs observations.

La symptomatologie de la manie ou de l'hypomanie de l'enfant est particulière. Différents symptômes sont retrouvés, notamment une hyperactivité, des difficultés d'attention, des colères brutales, une familiarité excessive (gros mots, provocation), un sentiment de toute-puissance, des conduites à risque (abus de substances toxiques, hypersexualité, fugues), une diminution du temps de sommeil (sans fatigue), une accélération de la pensée et de la parole, et dans certains cas des hallucinations auditives.

Les symptômes dépressifs chez l'enfant sont également difficiles à identifier. L'enfant n'exprime pas son mal-être de la même façon qu'un adulte. Le sentiment de tristesse n'est pas nécessairement présent. D'autres symptômes peuvent alerter : notamment un repli social, une augmentation du temps de sommeil, des plaintes physiques, une prise de poids, une anxiété ou des troubles du comportement (violences, insultes).

Chez les enfants de 1 à 6 ans, l'irritabilité et la perte de contrôle sont les symptômes les plus fréquemment décrits, avec une intolérance à la frustration et des crises de colère.

Les complications du trouble bipolaire de l'enfant peuvent être sévères, avec notamment le développement de conduites addictives (drogues, alcool), des mises en danger de soi ou des crises suicidaires. Les conséquences scolaires, familiales et sociales sont parfois lourdes. Toutefois, une prise en charge précoce permet d'améliorer la qualité de vie de l'enfant et de sa famille.

Le diagnostic de trouble bipolaire de l'enfant est donc difficile à poser. Il nécessite l'avis d'un spécialiste en psychiatrie de l'enfant et de l'adolescent (pédopsychiatre). L'un des risques est de porter par excès le diagnostic de trouble bipolaire chez des enfants souffrant d'un Trouble du Déficit de l'Attention avec Hyperactivité (TDAH), maladie distincte mais dont les symptômes sont proches. De ce diagnostic de trouble bipolaire découleront des stratégies thérapeutiques spécifiques.

Le trouble bipolaire existe-t-il chez l'adolescent ? 46

Rédigé avec la collaboration du Dr de Montchenu

Oui, le trouble bipolaire peut se déclarer à tout âge, notamment à l'adolescence. Si le diagnostic – et la prise en charge adaptée – est souvent plus tardif (voir question de cet ouvrage sur le sujet), les premiers symptômes sont retrouvés avant l'âge de dix-neuf ans pour 20 à 25 % des patients atteints. Chez certains adultes souffrant de trouble bipolaire, on retrouve ainsi, *a posteriori*, des symptômes apparus dès l'adolescence et passés inaperçus pendant des années. Ces patients pour lesquels le trouble bipolaire a débuté dans l'adolescence souffriraient plus volontiers d'épisodes délirants pendant des épisodes aigus de la maladie, ainsi que de troubles anxieux ou addictifs (alcool, toxiques).

L'incidence est probablement sous-évaluée par l'assimilation de certains comportements à « une crise d'adolescence » alors qu'un trouble bipolaire sous-jacent existe déjà et pourrait parfois être diagnostiqué. L'adolescence est une période de vie pendant laquelle s'opèrent de nombreux changements psychologiques et physiques. Elle est marquée par une certaine instabilité : de l'image de soi, des autres, des investissements, et enfin de l'humeur. Noyées dans cette grande instabilité, les manifestations cliniques du trouble bipolaire de l'adolescent sont variables et difficiles à établir, rendant son diagnostic difficile.

Il peut débuter par un épisode dépressif, des symptômes psychotiques ou par des troubles des conduites (violences, vandalisme) souvent associés à des troubles anxieux importants. Certaines complications peuvent être banalisées ou minimisées par l'adolescent et son entourage (« c'est la crise d'adolescence »), notamment une consommation de toxiques (drogues, alcool) ainsi que certains troubles du comportement (agressivité, crises suicidaires, escalade de violence) alors qu'un trouble bipolaire leur est associé. L'intervention d'un spécialiste est indispensable afin de poser un diagnostic et de pouvoir favoriser l'insertion sociale et socio-professionnelle, et de prévenir les complications, qui comme chez l'enfant, peuvent se révéler lourdes de conséquences pour l'adolescent et sa famille.

47 Comment se passe la grossesse chez les patientes souffrant de trouble bipolaire ?

Les femmes souffrant de trouble bipolaire sont particulièrement vulnérables pendant leur grossesse et dans les semaines suivant l'accouchement (appelée période de post-partum).

L'influence de la grossesse sur l'évolution du trouble bipolaire est sujette à débat. Il a longtemps été pensé que la grossesse constituait une « protection » contre les fluctuations de l'humeur ou en tout cas qu'elle pouvait diminuer les rechutes. De récentes études aux résultats contradictoires ainsi que les hypothèses hormonales de l'humeur viennent relativiser ces idées. Une évaluation du risque de présenter un épisode maniaque, dépressif ou mixte doit être menée dès le début de la grossesse, et même dès l'expression du souhait de grossesse par une patiente. Cette évaluation fait intervenir les antécédents personnels et familiaux de la patiente, l'existence de grossesses antérieures et la prise éventuelle d'un traitement.

Cette question du traitement est particulièrement délicate : que conseiller à une patiente traitée (et stabilisée) préalablement et qui débute une grossesse ? La plupart des traitements régulateurs de l'humeur présentent un risque pour le fœtus (appelé risque tératogène), a des degrés divers selon les médicaments. Cependant, ce risque doit être mis en balance avec les effets potentiellement graves de l'apparition d'un nouvel épisode maniaque ou dépressif : troubles du comportement, risque suicidaire, etc.

La grossesse d'une femme souffrant de trouble bipolaire est donc toujours délicate à gérer. Des décisions concernant les traitements et le suivi s'imposent et doivent être réfléchies de façon pluridisciplinaire (tant par les gynécologues-obstétriciens que par les psychiatres et le médecin traitant), avec la patiente et son entourage, à la lumière des antécédents de la patiente et de l'évolution de sa maladie jusqu'ici (fréquence des rechutes, intensité des épisodes maniaques ou dépressifs, existence de troubles du comportement, etc.). Un suivi rapproché de la patiente, de la grossesse et du fœtus doit être mené.

Après l'accouchement, cette surveillance clinique et cet accompagnement rapprochés doivent se poursuivre, tant la période du post-partum est aussi à risque de récurrence. La reprise ou l'adaptation d'un traitement régulateur de l'humeur devra être réfléchie.

48 Que devient la maladie bipolaire avec l'âge ?

Avec le vieillissement général de la population, la question du devenir des patients souffrant de troubles bipolaires mérite une attention particulière. De récentes études évaluent à près de 10 % la prévalence des troubles bipolaires chez les personnes âgées en maison de retraite.

L'idée, introduite par Kraepelin et véhiculée depuis, selon laquelle les épisodes maniaques et dépressifs seraient de moins en moins fréquents avec l'âge, est aujourd'hui discutée. Il est néanmoins désormais admis que la maladie bipolaire peut se manifester à tout âge.

Il existe peu d'études sur les patients souffrant de trouble bipolaire. L'évolution « classique » de la maladie bipolaire fait cependant ressortir deux éléments : avec l'âge apparaît un phénomène de « sensibilisation » (*Kindling* en anglais) par lequel les nouveaux épisodes thymiques seraient déclenchés par des niveaux de stress de plus en plus bas. Par ailleurs, les épisodes semblent au fil de l'évolution de la maladie être certes d'une intensité progressivement moindre mais de durée plus longue.

Si la symptomatologie dépressive comme maniaque peut prendre parfois des formes « atypiques » chez les patients âgés, c'est surtout les troubles cognitifs qui semblent être plus importants chez ceux-ci, en comparaison avec les sujets du même âge en population générale.

Concernant le pronostic évolutif des patients souffrant de trouble bipolaires, il apparaît que c'est le risque de « décès prématuré » (non liés à l'âge) de diverses causes (autres maladies somatiques, suicide, accidents) qui prédomine.

Il paraît donc fondamental de s'intéresser à cette population de patients atteints de troubles bipolaires âgés afin d'en améliorer la prise en charge et de permettre une qualité de vie meilleure et un accompagnement adapté pour les patients et leur entourage.

49 Peut-on souffrir, en plus du trouble bipolaire, d'un autre trouble psychiatrique ?

Oui car malheureusement la foudre semble tomber parfois deux fois au même endroit, et les trois quarts des patients souffrant de trouble bipolaire présenteraient à un moment de leur vie au moins un autre trouble psychiatrique. On parle dans ce cas de « comorbidité » (coexistence de plusieurs maladies chez un même individu). De plus, la moitié de ces patients seraient affectés d'au moins trois troubles. On peut noter que les patients souffrant de trouble bipolaire de type I et II présentent plus fréquemment ces comorbidités que ceux atteints de formes « atténuées ».

Les troubles anxieux sont les plus fréquents puisque deux tiers des patients en souffrent à un moment de leur vie. Plus particulièrement, des attaques de panique, un trouble anxieux généralisé (niveau d'anxiété élevé en permanence), une phobie sociale (peur de prendre la parole en public) ou spécifique (peur centrée sur un objet ou une situation en particulier), ou encore un état de stress post-traumatique sont présents chez 20 à 30 % des patients à un moment de leur vie. De même, la moitié des patients présentent un trouble du comportement, comme le trouble hyperactif avec déficit de l'attention.

Enfin, l'association entre troubles bipolaires et addictions est fréquente (un tiers des patients) et sera détaillée dans une autre question de ce livre.

Ces comorbidités psychiatriques compliquent le diagnostic si elles surviennent tôt dans l'histoire de la maladie. Lorsqu'elles surviennent alors que le diagnostic est déjà posé, il est souvent délicat de faire la part de choses entre des symptômes liés à la maladie et un autre trouble associé. Elles rendent donc la prise en charge plus complexe.

50 Les patients souffrant de trouble bipolaire sont-ils plus sujets à la consommation de toxiques ?

Oui, la coexistence d'une consommation de toxiques chez les patients souffrant de trouble bipolaire est fréquente et préoccupante.

Les études montrent en effet que près de la moitié des patients souffrant de trouble bipolaire présenteront, à un moment de leur vie, une dépendance à une substance. La consommation d'alcool a été très étudiée : plus de 46 % des patients souffrant de trouble bipolaire de type I, et 39 % pour le type II, auraient une consommation excessive ou une dépendance à l'alcool au décours de leur maladie. Si l'on s'attache aux épisodes aigus, dépressifs et maniaques, cette prévalence est encore bien supérieure : le risque de consommer de façon abusive de l'alcool serait multiplié par 6 pour un patient souffrant de trouble bipolaire en phase maniaque par rapport au risque de la population générale.

Bien souvent, l'addiction à une substance est un facteur de retard diagnostic. En effet, les troubles du comportement (agitation, exaltation etc.) sont alors interprétés en regard de la consommation de toxiques et le diagnostic de trouble bipolaire, et donc sa prise en charge adaptée, tarde à être posé.

La consommation (abus comme dépendance) de toxiques est, en outre, un facteur de mauvais pronostic dans le trouble bipolaire. En effet, elle augmente la fréquence des hospitalisations, le risque suicidaire et diminue tant l'efficacité de certains traitements régulateurs de l'humeur que l'observance.

La consommation de toxiques constitue ainsi un problème majeur de la prise en charge des patients souffrant de trouble bipolaire. Une amélioration du dépistage de l'abus et de la dépendance à une substance permettrait d'améliorer le pronostic évolutif de la maladie et la qualité de vie des patients.

51 Le patient souffrant de trouble bipolaire a-t-il plus de risques d'être affecté par d'autres maladies (non psychiatriques) ?

Oui, on retrouve chez les patients souffrant de trouble bipolaire une fréquence élevée de certaines comorbidités somatiques.

On appelle « comorbidités » les maladies qui accompagnent la maladie dite « principale ». Les comorbidités non psychiatriques (appelées « somatiques ») retrouvées chez les patients souffrant de trouble bipolaire sont liées à la maladie, aux troubles du comportement, à une parfois mauvaise hygiène de vie en particulier lors des épisodes aigus, aux prises de toxiques et, parfois, aux effets secondaires de certains traitements.

Les comorbidités somatiques principalement retrouvées chez les patients souffrant de trouble bipolaire sont l'obésité, le diabète et des dysfonctionnements hormonaux.

Tout d'abord, il a été relevé dans plusieurs études que les patients souffrant de trouble bipolaire ont une prévalence du surpoids et de l'obésité supérieure à celle de la population générale. On estime même que près de 60 % de ces patients seraient en surpoids (évalué par le calcul d'Index de Masse Corporelle, IMC). Les fluctuations de l'humeur et leurs répercussions sur l'appétit et sur l'hygiène alimentaire (définie par la prise de repas réguliers, équilibrés et sans excès ni grignotage) sont bien entendu probablement responsables mais il faut également prendre en compte les effets secondaires de certains traitements régulateurs de l'humeur.

En comparaison avec la population générale, les patients souffrant de trouble bipolaire sont également plus fréquemment atteints de diabète de type II (de début plus tardif que le type I et ne nécessitant pas immédiatement un traitement par insuline). Les conséquences en terme de risque de maladie cardio-vasculaire sont importantes, ce d'autant que certains traitements régulateurs de l'humeur ont des effets cardiaques potentiels (modification de l'activité électrique du cœur).

Sur le plan *endocrinien* (hormonal) enfin, les troubles de l'humeur sont parfois liés à des dysfonctionnements de la glande thyroïde, qu'il faut d'ailleurs éliminer avant de parler de trouble bipolaire. Le lithium peut modifier le fonctionnement thyroïdien, nécessitant ainsi une surveillance accrue.

On retrouve chez les patients souffrant de trouble bipolaire une fréquence élevée de ces comorbidités somatiques qui ont un impact majeur tant sur leur qualité que sur leur espérance de vie. La prévention et la surveillance des comorbidités somatiques chez ces patients sont ainsi des enjeux majeurs de la prise en charge.

52 Existe-t-il des troubles de l'humeur dits « secondaires » ?

Oui, il peut exister des épisodes dépressifs ou maniaques qui ont une autre cause que le trouble bipolaire.

Un épisode dépressif peut être secondaire à un trouble neurologique (comme la sclérose en plaque, un accident vasculaire cérébral, une tumeur, la maladie de Parkinson ou certains syndromes démentiels), à un trouble endocrinien (hypothyroïdie surtout, diabète parfois, maladie hormonales ou simplement ménopause) ou à une maladie de système (c'est-à-dire qui touche de tous les éléments d'un système ou tissu, comme la polyarthrite rhumatoïde) ou tumorale (toute tumeur cancéreuse peut potentiellement provoquer un tableau dépressif). Il peut également être secondaire à un traitement (corticoïdes en particulier) ou à une prise aiguë ou un sevrage de toxique (alcool, cannabis en particulier).

Un épisode maniaque ou hypomaniaque peut lui aussi être secondaire à une pathologie dite « organique » ou à un traitement ou toxique. Les causes peuvent en être diverses comme, par exemple, un trouble métabolique (hypoglycémie, hypercalcémie) ou endocrinien (hyperthyroïdie, maladie hormonale), ou surtout un trouble neurologique (poussée de sclérose en plaque, encéphalite, traumatisme crânien, accident vasculaire cérébral ou début de démence). Certains traitements peuvent induire des épisodes maniaques comme les corticoïdes, les médicaments stimulant les neurotransmetteurs cérébraux comme la dopamine (traitements de la maladie de Parkinson) ou la sérotonine ou noradrénaline (antidépresseurs), certains œstroprogestatifs et antituberculeux (l'isoniazide par exemple). Parfois, une prise de toxiques peut entraîner une exaltation de l'humeur : c'est le cas notamment des amphétamines, de la cocaïne et du cannabis.

Il importe ainsi de rechercher ces causes (non bipolaires) de trouble de l'humeur par la réalisation d'un interrogatoire et d'un examen clinique approfondi, parfois complété par des examens complémentaires (imagerie l'affirmer. En particulier, l'attention doit être portée sur certains troubles de personnalité se caractérisant également par une instabilité émotionnelle (comme le trouble de personnalité borderline ou histrionique) et dont la prise en charge, le pronostic, l'évolution et le traitement sont radicalement différents.

54 Quels sont les signes annonciateurs d'une rechute ?

Le trouble bipolaire est une maladie chronique, caractérisée par la répétition d'épisodes maniaques et dépressifs. On appelle prodromes les signes d'alarme précoces annonçant l'apparition d'un épisode. La détection de ces signes est donc de toute première importance, afin d'essayer d'enrayer la rechute ou d'en minimiser l'intensité.

Les prodromes les plus fréquents d'un épisode dépressif sont l'apparition d'une labilité de l'humeur avec hypersensiblité à l'environnement (pleurs plus faciles), des difficultés de sommeil ou de concentration, ainsi qu'une perte d'énergie ou d'intérêt, ou l'apparition d'une anxiété. Les prodromes annonçant un épisode maniaque sont une diminution du temps de sommeil, une augmentation de l'activité physique et intellectuelle, ou une humeur euphorique ou instable. Il semble que les prodromes dépressifs durent plus longtemps (trois semaines à un mois) que les prodromes maniaques (environ 15 jours), mais aussi qu'ils soient plus difficiles à identifier par les patients. Cependant, en cas d'hyperactivité et d'euphorie débutantes, il est aussi difficile pour le patient d'identifier que le bien-être qu'il ressent est en réalité déjà le début d'un nouvel épisode hypomaniaque. Ces durées relativement courtes doivent inciter à consulter rapidement face à des symptômes évocateurs de rechute.

D'un patient à l'autre, et d'un épisode à l'autre, les prodromes peuvent changer. La psychoéducation, qui a montré son efficacité dans la prévention des rechutes et des réhospitalisations, a pour rôle d'informer le patient de l'ensemble des symptômes pouvant précéder un épisode (voir question correspondante). Les proches du patient sont souvent impliqués, permettant d'apporter un regard extérieur pour aider le patient à identifier les premiers symptômes. L'objectif est de détecter le plus tôt possible les signes d'alarme, afin de pouvoir contacter rapidement un médecin, et de mettre en place les stratégies permettant d'éviter une rechute.

55 Quels sont les principes de traitement du trouble bipolaire ?

Il est important de préciser d'emblée qu'il n'existe pas, à ce jour, de traitement « curatif » du trouble bipolaire. Cela signifie qu'il n'est pas possible de le « guérir », même si dans certains cas l'évolution peut être très favorable. Il est désormais admis que certains traitements permettent de « stabiliser » la maladie, pour permettre aux patients une qualité de vie dite « normale », en tout cas semblable à la population générale. Ainsi, les objectifs du traitement dans le trouble bipolaire seront 1) de traiter les épisodes aigus (dépressifs et maniaques) et 2) de prévenir l'apparition de récurrences.

Par traitement, on entend souvent « médicaments ». Ils occupent certes une place centrale dans la prise en charge du trouble bipolaire mais il ne faut pas négliger l'importance des psychothérapies, du lien médecin-malade (appelée « alliance thérapeutique ») et du suivi. Sont également parties prenantes dans le traitement les mesures d'hospitalisation, les mesures d'aide dites « sociales » et les sismothérapies (ces différents points sont détaillés dans des questions spécifiques de cet ouvrage).

Rappelons l'importance fondamentale de l'annonce diagnostic et de l'information du patient et, avec son accord, celle de ses proches et son entourage concernant la maladie, ses causes, ses conséquences et sa gestion « au quotidien ».

Les objectifs des traitements sont à l'heure actuelle fixés en terme d'« amélioration de la qualité de vie », et donc définis en fonction des attentes du patient, en complément de la simple recherche d'une diminution de la « quantité de symptômes ».

56 Traitement aigu ou de fond ?

L'objectif du traitement médicamenteux dans le trouble bipolaire est double : traiter l'épisode aigu maniaque ou dépressif et prévenir les récidives.

Le traitement dit aigu est celui prescrit lors des moments de « crise » appelés aussi « décompensations ». Il a pour objectif d'abraser la symptomatologie dépressive ou maniaque en permettant un retour à l'humeur « neutre » (appelée « euthymie »). On parle d'humeur « neutre » mais on désigne en réalité un retour à des fluctuations modérées ou « raisonnables » de l'humeur, considérées comme « normales ». Il est souvent nécessaire d'adjoindre aux traitements spécifiques des épisodes maniaques ou dépressifs des traitements « associés » (faisant l'objet d'une question dans cet ouvrage).

Le traitement « de fond » est celui qui prévient le risque de rechute dépressive ou maniaque. Il est parfois initié lors d'épisodes aigus mais se poursuit au-delà de la résolution de ceux-ci. Il trouve tout son intérêt dans les phases « intercritiques » (entre deux épisodes aigus), lorsque le patient est justement sur une humeur neutre et stable.

On distingue les deux temps de traitement mais certains médicaments peuvent être utilisés aussi bien en traitement aigu qu'en traitement de fond. Et de la même façon, il arrive qu'une « simple » majoration de la dose du traitement de fond permette de passer un épisode aigu (ou en train de se mettre en place).

Quels sont les particularités du traitement des épisodes dépressifs des patients souffrant de troubles bipolaires ?

Le traitement d'un épisode dépressif chez un patient souffrant de troubles bipolaires possède des particularités.

On retrouve les mêmes grands principes de prise en charge que dans le traitement d'un épisode dépressif « classique » (voir ouvrage consacré à la dépression chez le même éditeur) : question de l'hospitalisation, traitement psychothérapeutique, traitements médicamenteux, etc.

Chez les patients souffrant de troubles bipolaires l'intensité des épisodes dépressifs est souvent forte. La question de l'*hospitalisation* devient alors primordiale. Elle est systématique en cas d'épisode mélancolique, en cas de mise en danger ou de risque suicidaire élevé. Elle sera discutée entre le patient, le psychiatre et l'entourage en fonction de l'intensité de la symptomatologie dépressive mais aussi selon la présence éventuelle d'un entourage, l'insertion sociale du patient et ses antécédents.

Le *soutien psychothérapeutique* est toujours indiqué, en particulier en raison du caractère « récurrent » des épisodes aigus. Le patient est souvent très angoissé à l'idée de « rechuter » dans la dépression, de « retomber comme la précédente fois ». La psychothérapie doit être adaptée à l'état du patient : d'une simple psychothérapie de soutien à la psychoéducation, en passant par la prise en charge dite « institutionnelle ». Un soutien à l'entourage est aussi souvent nécessaire.

La question du *traitement médicamenteux* est plus spécifique chez le patient souffrant de troubles bipolaires. En effet, si l'indication d'une prescription d'antidépresseur ne fait que peu de doutes dans le cas d'un épisode dépressif « isolé » (non bipolaire) d'intensité majeure, elle est sujette à débats dans le trouble bipolaire (et fait l'objet d'une question dans cet ouvrage). Il importe toujours d'essayer d'ajuster le traitement thymorégulateur dans un premier temps. Les traitements associés sont souvent nécessaires (hypnotiques, anxiolytiques).

L'intensité de l'épisode dépressif et le type de suivi existant (s'il y en a déjà un en cours), l'entourage et l'insertion socio-professionnelle du patient seront des éléments déterminants permettant d'évaluer les différents degrés de prise en charge. L'intervention d'un spécialiste est nécessaire à cette étape.

58 Quels sont les principes de traitement des épisodes maniaques ?

Le traitement d'un épisode hypomaniaque ou maniaque fait intervenir différents acteurs. Il dépendra de l'intensité de l'épisode, de la présence ou non d'un entourage, de l'existence éventuelle d'épisodes antérieurs et/ou d'un traitement déjà en cours.

L'*hospitalisation* est une étape souvent nécessaire dans le traitement d'un épisode maniaque. Elle sera autant que possible réalisée avec l'accord du patient (hospitalisation « libre ») mais parfois, l'intensité des troubles, la non-reconnaissance par le patient de son état ou l'intensité des symptômes imposent un recours à des mesures d'hospitalisation sans consentement (appelés « Soins à la demande d'un Tiers »).

Des *mesures* peuvent être mises en place pour permettre au patient une assistance juridique en cas de troubles du comportement majeurs à type de dépenses ou d'achat inconsidérés : il s'agit notamment de la sauvegarde de justice (détaillée dans une question de cet ouvrage).

Le *traitement médicamenteux* fait appel en premier lieu à un thymorégulateur (ou à la modification de dose ou de molécule de celui-ci en cas de traitement déjà en cours). Le choix du type de molécule est fonction de nombreux paramètres détaillés dans d'autres parties de cet ouvrage. Les premiers signes d'efficacité seront perceptibles après une dizaine de jours de traitement. Dans l'intervalle, il est souvent nécessaire d'associer à ce régulateur de l'humeur des traitements dits « sédatifs » permettant de réduire l'intensité des symptômes maniaques : certains neuroleptiques ou antipsychotiques, certains anxiolytiques et/ou hypnotiques peuvent alors être employés (voir question correspondante de cet ouvrage). La sismothérapie peut être indiquée en cas d'urgence ou de résistance aux traitements médicamenteux (voir là aussi la question correspondante).

La *psychothérapie* est toujours indiquée. Elle doit être adaptée à l'état du patient : d'une simple psychothérapie de soutien à la psychoéducation, en passant par la prise en charge dite « institutionnelle ».

Bien évidemment, l'intensité de l'épisode et le type de suivi existant (s'il y en a déjà un en cours), l'entourage et l'insertion socio-professionnelle du patient seront des éléments déterminants permettant d'évaluer les différents degrés de prise en charge. L'intervention d'un spécialiste est de toute façon nécessaire à cette étape.

59 Qu'appelle-t-on thymorégulateur ?

Au sein des médicaments des psychotropes, Delay et Deniker, précurseurs français de la psychopharmacologie, avaient proposé de distinguer plusieurs types de traitements : les psycholeptiques (qui, schématiquement, ralentissent l'activité mentale et comprennent les neuroleptiques, les hypnotiques et les anxiolytiques), les psychodysleptiques (qui perturbent l'activité mentale et caractérisent surtout les drogues telles que LSD), les psychoanaleptiques (stimulants de l'activité mentale dont font partie les antidépresseurs) et enfin les thymorégulateurs qui ont pour but de réguler l'humeur.

La définition du thymorégulateur idéal repose sur quatre points principaux : action sur la phase aiguë de la dépression, de la manie, prévention des rechutes dépressives et maniaques. Le thymorégulateur doit ainsi permettre de réduire la fréquence, l'intensité et la durée des épisodes (tant maniaques que dépressifs) et améliorer la qualité et la durée des intervalles libres (entre deux phases aiguës). Il doit en outre ne pas provoquer d'inversion brutale de l'humeur (appelée virage de l'humeur).

Le lithium, certains médicaments anticonvulsivants et des antipsychotiques ont des propriétés thymorégulatrices et sont indiqués dans le trouble bipolaire (c'est le traitement de référence). Ces médicaments seront détaillés dans les questions suivantes de cet ouvrage.

60 Le lithium, thymorégulateur de référence ?

Oui, le lithium (sous sa forme de sels de lithium notamment) est considéré comme le thymorégulateur de référence dans les troubles bipolaires.

Le *mode d'action pharmacologique* du lithium reste partiellement inconnu. Il agirait sur le transport membranaire de sodium et de potassium.

Si le lithium est d'une bonne efficacité dans la prévention de la récidive des épisodes maniaques et dépressifs, il existe des *contre-indications* (absolues ou relatives) à sa prescription : certains troubles cardiovasculaires (insuffisance cardiaque, troubles du rythme, hypertension artérielle), rénaux (insuffisance rénale, hyponatrémie), thyroïdiens, neurologiques (épilepsie) ou médicamenteux (associations médicamenteuses déconseillées notamment à certains diurétiques et anti-inflammatoires). La grossesse contre-indique la prescription du lithium, et chez un patient déjà traité par lithium, son arrêt doit être discuté entre le patient et les différents intervenants médicaux (gynécologue, obstétricien, psychiatre) en fonction de la balance bénéfice-risque.

La prescription de lithium nécessite la réalisation d'un *bilan préalable* afin d'éliminer des contre-indications (évaluation de la fonction rénale, bilan cardiaque, neurologique, thyroïdien, sanguin et test de grossesse) et une information éclairée au patient (et éventuellement à son entourage).

La prise de lithium nécessite une *surveillance rapprochée* (très fréquente au début puis s'espaçant dans le temps) du taux de lithium sanguin (appelé « lithémie ») par prise de sang. Le taux de lithium sanguin doit être compris dans une fourchette dite « thérapeutique ». Au-dessus, le risque est celui d'un surdosage, en dessous, d'une inefficacité.

Les *effets secondaires* parfois observés sont un léger tremblement des extrémités, une possible prise de poids et des troubles digestifs fréquents mais bénins.

Ainsi, le lithium est certes le traitement thymorégulateur de référence mais il possède des effets secondaires potentiels et des contre-indications associées à une surveillance régulière et stricte qui nécessitent une évaluation de la balance bénéfice-risque par le psychiatre avec son patient avant sa prescription.

61 Des antiépileptiques comme thymorégulateurs ?

Oui, depuis les années 1960, l'intérêt de l'utilisation comme régulateur de l'humeur de molécules initialement développées comme antiépileptiques a été relevé. Actuellement sont utilisés notamment la Carbamazepine, le Valpromide et le Divalproate de sodium.

Ces médicaments ont des particularités individuelles mais tous sont *contre-indiqués* en cas de grossesse (en particulier au 1er trimestre) ou d'allaitement et en cas de graves problèmes de foie (antécédents d'hépatite aiguë ou chronique ou insuffisance hépatique). La Carbamazepine possède, en plus, des contre-indications ophtalmologiques (glaucome à angle fermé), urologiques (prostate) et cardiaques.

Tous nécessitent un *bilan préthérapeutique* avant leur prescription et une surveillance régulière de leurs taux sanguins et du fonctionnement du foie. Toutefois, cette surveillance sanguine est moins stricte que pour le lithium.

Leurs *effets secondaires* communs sont une possible sédation (surtout à l'introduction du traitement), parfois une prise de poids et des troubles digestifs mineurs. Ils peuvent en outre induire une réaction hépatique aiguë nécessitant une prise en charge en urgence le cas échéant.

Ces antiépileptiques, d'une plus grande facilité d'utilisation avec moins de contre-indications que le lithium, représentent une alternative intéressante dans le traitement des troubles bipolaires.

L'usage de la Lamotrigine possède depuis peu une Autorisation de Mise sur le Marché (AMM) dans la prévention des épisodes dépressifs des patients présentant un trouble bipolaire de type I ayant une prédominance d'épisodes dépressifs. Elle ne possède pas d'indication dans le traitement des épisodes aigus maniaques ou dépressifs.

62 Quelle est la place des neuroleptiques dans le traitement du trouble bipolaire ?

Les neuroleptiques sont une classe médicamenteuse découverte dans les années 1950 par les professeurs Delay et Denicker à Paris. On regroupe sous ce nom deux générations de traitements : les neuroleptiques dits « classiques » ou de première génération, et les neuroleptiques dits « atypiques » ou de deuxième génération (de par leur mode d'action) appelés aussi « antipsychotiques ».

Ces différents médicaments ont des effets sur les récepteurs dopaminergiques (connus au départ pour cette action) mais aussi sur les systèmes histaminergiques et noradrénergiques pour certains. Certains sont plus sédatifs, d'autres plus incisifs sur les éléments délirants.

Leur utilisation dans le trouble bipolaire est relativement récente. Certains antipsychotiques ont, en France, l'Autorisation de Mise sur le Marché (AMM) pour le traitement aigu des épisodes maniaques ou dépressifs des patients souffrant de troubles bipolaires ou en prévention de la récidive d'épisodes de troubles de l'humeur (thymoréguateurs ou stabilisateur de l'humeur) : notamment l'aripiprazole, l'olanzapine, la quetiapine et la risperidone. D'autres sont parfois également utilisés, surtout en phase maniaque aiguë.

Ces traitements possèdent des contre-indications et des effets secondaires, et il convient donc de les utiliser avec prudence. Dans l'ensemble, les antipsychotiques de nouvelle génération (dits « atypiques ») ont des effets secondaires de moindre intensité que les neuroleptiques dits « classiques » (voir question correspondante du même ouvrage). Presque tous partagent cependant les effets décrits ci-dessous, à des degrés moindres selon les molécules ou les classes pharmacologiques.

Les principaux effets secondaires potentiels des antipsychotiques sont neurologiques, anticholinergiques, endocriniens, hématologiques et cardiaques. Sur le plan *neurologique* sont décrits des dystonies aiguës (mouvements ou contractures musculaires), un possible syndrome parkinsonien (pas une maladie de Parkinson mais des signes comme une rigidité musculaire et des tremblements), une akathisie (incapacité à rester en place, notamment à rester en position assise prolongée) et des dyskinésies tardives (sortes de mouvements à l'image de « tics »). Les effets secondaires *anticholinergiques* regroupent une sécheresse buccale, une constipation, des difficultés à l'accommodation visuelle et parfois des rétentions urinaires. Sur le plan endocrinien, les effets secondaires sont surtout représentés par une aménorrhée (absence de règles chez la femme), une baisse de la libido et un risque de diabète. Les effets secondaires hématologiques et cardiaques sont rares mais potentiellement graves (aplasie médullaire et troubles de la conduction).

Le syndrome malin des neuroleptiques est quant à lui un effet secondaire rarissime mais nécessitant une prise en charge urgente et l'arrêt absolu du traitement. Il regroupe une fièvre, une rigidité musculaire, des troubles de la conscience et une perturbation du système nerveux autonome.

Ces effets secondaires sont certes importants mais à mettre en balance avec les bénéfices attendus de ces traitements et un bilan préthérapeutique est alors souvent nécessaire tout comme une surveillance de l'efficacité et de la tolérance dans la durée.

La prescription initiale est souvent réalisée lors d'une hospitalisation (car intervenant en phase aiguë), par un spécialiste et la poursuite du traitement doit être régulièrement réévaluée, en fonction de la symptomatologie des patients et des éventuels effets secondaires.

63 Quelle est la place des antidépresseurs dans le trouble bipolaire ?

La prise en charge d'un épisode dépressif « isolé » fait généralement appel à un traitement antidépresseur. Chez les patients souffrant de trouble bipolaire, la prescription de ces médicaments doit être attentivement discutée, même lors d'un épisode aigu dépressif.

En effet, la prescription d'un traitement antidépresseur chez un patient atteint de trouble bipolaire l'expose au risque de « virage maniaque ». On appelle « virage maniaque » une inversion brutale de l'humeur liée à un médicament. Le patient, initialement traité pour un épisode aigu dépressif va, en quelques jours, voir son humeur s'inverser pour développer un véritable épisode maniaque (ou mixte). Ce risque de virage maniaque est possible chez tout patient dépressif mais il est évidemment tout particulièrement craint chez les patients souffrant de trouble bipolaire. Il est à noter que le virage maniaque sous antidépresseur en l'absence d'antécédent de bipolarité définit le trouble bipolaire de type III (voir question sur les types de troubles bipolaires du même ouvrage).

Le second risque est de précipiter l'alternance des phases aiguës maniaques et dépressives. La prescription d'un antidépresseur chez un patient atteint de trouble bipolaire pourrait favoriser l'apparition de cycles rapides de variation de l'humeur.

Alors finalement, faut-il prescrire un antidépresseur à un patient souffrant de trouble bipolaire lors d'un épisode dépressif ? Bien évidemment, l'état clinique du patient, ses antécédents et l'intensité de la dépression seront des critères décisionnels majeurs. La balance bénéfice-risque de l'introduction d'un traitement antidépresseur doit être évaluée par un spécialiste avec le patient. L'étape thérapeutique à privilégier chez un patient dont on connaît le diagnostic de trouble bipolaire et qui débute un épisode dépressif est celle de l'optimisation du thymorégulateur : vérification de l'observance et en général majoration de la dose. Il est par ailleurs important de rappeler l'existence d'alternatives possibles au traitement médicamenteux antidépresseur dans le traitement de la dépression : la sismothérapie en est un exemple de choix.

64 Quels médicaments peuvent être utilisés en association au traitement principal dans le trouble bipolaire ?

En plus du traitement de fond du trouble bipolaire, il est possible (et parfois nécessaire) d'associer certains autres médicaments, le plus souvent de manière temporaire.

Les *hypnotiques* peuvent être utilisés pour soigner une insomnie associée au trouble bipolaire (voir question sur le sommeil dans cet ouvrage). De même, les *anxiolytiques* sont utilisés afin de diminuer l'anxiété. La plupart du temps, il s'agit de benzodiazépines ou apparentés, ou parfois de neuroleptiques.

Les *benzodiazépines* et apparentés ont principalement une action sur l'anxiété, ainsi qu'une action sédative. Elles ont par ailleurs pour effet un relâchement musculaire (effet « myorelaxant »), une prévention des crises convulsives (effet « anticonvulsivant », recherché dans une autre maladie : l'épilepsie). Le principal effet secondaire indésirable est l'apparition d'une dépendance après quelques semaines d'utilisation. Cette dépendance peut conduire à la nécessité d'augmenter les doses pour obtenir la même efficacité (phénomène de « tolérance »). Un rebond d'anxiété (ré-augmentation brutale et forte de l'anxiété) en cas d'arrêt brutal du traitement, voire un syndrome de sevrage pouvant avoir de graves conséquences (notamment des crises convulsives) peuvent être également observés. C'est pour cette raison que la prescription des benzodiazépines doit être réalisée avec prudence et sur une durée de temps limitée. Les autres effets secondaires des benzodiazépines sont des troubles de la mémoire et de la concentration, une sédation (qui peut aussi être l'effet recherché), de rares réactions « paradoxales » (regain d'anxiété malgré le traitement), et une diminution de la fonction respiratoire. Les benzodiazépines sont donc contre-indiquées en cas de maladie respiratoire sévère, et il faudra être particulièrement attentif (association déconseillée) en cas de maladie sévère du foie ou des reins, et en cas de grossesse.

Par ailleurs, d'autres médicaments, dits « *correcteurs* » peuvent être prescrits pour atténuer certains des effets secondaires liés aux traitements de fond. Les traitements *laxatifs* peuvent permettre de résoudre les problèmes de constipation, et les *antiparkinsoniens* certains effets secondaires neurologiques associés aux antipsychotiques comme les contractures musculaires. Il existe également des correcteurs en cas de sécheresse buccale.

65 Qu'est-ce que la « sismothérapie » ou « électroconvulsivothérapie » ?

L'électroconvulsivothrapie (ECT), appelée également sismothérapie, est une méthode thérapeutique introduite dans la fin des années 1930 (par Von Meduna puis Bini et Cerletti). La technique a évolué et, contrairement à certaines idées, est toujours employée. Pourtant, elle ne bénéficie pas auprès du grand public, voire dans le milieu médical, d'une image très positive ; certains, probablement par manque d'information, la jugent dépassée et dangereuse. Il s'agit en réalité d'un traitement efficace de certains épisodes maniaques ou mélancoliques (voire les chapitres correspondants).

Pour la Haute Autorité de Santé (HAS) l'ECT est recommandée pour permettre une amélioration rapide et à court terme des symptômes lorsque les autres options thérapeutiques se sont révélées inefficaces (ou alors sont contre-indiquées) ou lorsque le pronostic du patient est engagé par un épisode mélancolique ou maniaque sévère. Une évaluation de la balance bénéfice-risque est toujours nécessaire ainsi que l'obtention de l'accord du patient.

Dans le traitement de la manie, l'électroconvulsivothérapie est considérée comme la modalité thérapeutique la plus efficace. Elle est fréquemment choisie lorsque les autres modalités thérapeutiques ont échoué (selon les recommandations de la World Federation of Societies of Biological Psychiatry, WFSBP).

Dans le traitement de la dépression, l'ECT a une place majeure en cas d'épisodes sévères et avec caractéristiques psychotiques (les mélancolies), toujours selon les recommandations de la WFSBP. Le risque de virage de l'humeur est relativement élevé (environ 7 % selon certains auteurs) et ne doit pas être négligé.

L'objectif de l'ECT est de déclencher, à l'aide d'un courant électrique, une crise d'épilepsie généralisée d'une durée brève (durée minimale de 35 secondes, mais n'excédant pas 1 minute). Les conditions de réalisation des ECT ont beaucoup évolué. En France, le décret du 5 décembre 1994 impose des règles de sécurité et de bonnes pratiques très strictes : l'ECT est réalisée dans une salle adaptée, après bilan médical rigoureux (électroencéphalogramme, scanner cérébral, électrocardiogramme, bilan biologique parfois), et en présence d'un anesthésiste et d'infirmiers spécialisés. Le patient reçoit une information éclairée sur les risques (de l'anesthésie, des effets secondaires) et doit donner son accord. L'ECT est réalisée sous anesthésie générale de durée brève. La mortalité est estimée à 1 pour 10 000 patients traités (ce qui correspond au risque d'une intervention chirurgicale mineure), soit 2 décès pour 100 000 séances (chaque patient devant en effet être traîté par plusieurs séances). Le risque lié à l'ECT est souvent inférieur aux conséquences d'un épisode maniaque ou dépressif d'intensité majeure, ce qui justifie son utilisation au sein des différentes thérapeutiques.

Le nombre de séances recommandé se situe entre 8 et 12. On peut cependant aller au-delà si cela s'avère nécessaire. Par semaine, on en réalise entre 2 (moins d'effets secondaires cognitifs) et 3 (certains auteurs pensent que cela permettrait un effet plus rapide). Les principaux effets indésirables sont la désorientation temporospatiale après une séance, rapidement réversible, et les troubles de la mémoire rétrograde (éléments passés) et antérograde (éléments actuels), réversibles le plus souvent en moins de deux mois.

Après la cure d'ECT, on prescrit un traitement relais par thymorégulateur, mais dans certaines situations, on peut poursuivre les ECT comme moyen de consolider le bénéfice ou pour la prévention de récidive. Dans cette indication appelée ECT « d'entretien », les protocoles sont plus empiriques.

66 La stimulation magnétique transcrânienne (SMT), un traitement du trouble bipolaire ?

Oui, la Stimulation Magnétique Transcrânienne répétée (SMTr ou *rTMS* en anglais) est une technique innovante utilisée en psychiatrie, notamment dans le traitement de la dépression.

Utilisée en recherche depuis le début des années 1990, la SMTr a connu un essor important au cours des dernières années avec un intérêt croissant comme en témoigne la littérature internationale. Cette technique utilise le principe de Faraday (un courant électrique dans une bobine de fil crée un champ magnétique) pour permettre une dépolarisation cellulaire ciblée, magnétiquement induite.

En pratique, la SMTr consiste à soumettre le sujet à un champ magnétique focalisé sur une région de la surface cérébrale (le cortex) par l'application d'une bobine au contact du cuir chevelu. Un bilan avant réalisation du traitement (bilan « préthérapeutique ») est nécessaire afin d'exclure les contre-indications à la technique. Le principal risque en terme de gravité, mais rarissime en fréquence de survenue, est la crise d'épilepsie induite par la SMTr. Des cas de maux de tête, de virage de l'humeur ou de réaction anxieuse sont parfois décrits. En 1998 puis plus récemment, des recommandations de bonnes pratiques ont été formulée pour l'utilisation de la SMTr. De nombreux paramètres peuvent varier : la fréquence de stimulation (haute ou basse fréquence), la zone cible (droite ou gauche, variabilité des cibles cérébrales), l'intensité de la stimulation, le nombre d'impulsions, le nombre et la fréquence des séances. La détermination de ces paramètres est encore discutée et fait l'objet de nombreuses études actuellement.

Dans le traitement des épisodes dépressifs des patients bipolaires, la SMTr a peu été étudiée et l'on craint surtout le risque de virage maniaque, dont quelques cas ont été décrits. Il n'existe à ce jour pas de recommandations sur l'indication de l'utilisation de la SMTr dans le traitement de la dépression des patients souffrant de trouble bipolaire.

Des études de cas rapportant l'efficacité de la stimulation magnétique transcrânienne dans la manie ont été publiées. Il n'existe cependant pas non plus à ce jour de recommandations sur l'indication de l'utilisation de la SMTr dans le traitement de la manie chez les patients souffrant de trouble bipolaire.

Ainsi, il faut nuancer les attentes des praticiens et des patients devant l'émergence d'une nouvelle technique et d'un nouvel élément potentiel de l'arsenal thérapeutique : la SMTr reste encore à l'étude actuellement et ne peut, à ce jour, être considérée comme un traitement de référence dans le trouble bipolaire.

67 Combien de temps traiter le trouble bipolaire ?

La question de la durée de traitement dans le trouble bipolaire est souvent difficile à aborder par le corps médical et reste parfois sans réponse pour le patient et son entourage. La durée est bien évidemment fonction de facteurs propres à chaque patient et à chaque type de trouble bipolaire.

Il importe tout d'abord de préciser de quel type de traitement il est question : celui de l'épisode aigu (maniaque ou dépressif) ou celui de fond.

Le *traitement aigu*, est comme son nom le laisse supposer d'une durée limitée au traitement des décompensations maniaques ou dépressives. La durée de résolution de ces épisodes est très variable. Après résolution symptomatique, le traitement aigu devra être diminué progressivement en surveillant le risque de réapparition de troubles. Le relais sera alors pris par le traitement thymorégulateur en prévention des rechutes.

Le *traitement de fond* est celui prescrit « au long cours ». En effet, par définition, le trouble bipolaire est constitué de rechutes qui justifient un traitement thymorégulateur « prophylactique » (de prévention de la rechute). La Haute Autorité de Santé (HAS) précise, en 2009, qu'après un premier épisode bipolaire, le traitement doit être maintenu « au moins deux ans » mais qu'il est « souhaitable que ce traitement soit maintenu jusqu'à 5 ans si le patient présente des risques de rechute élevés ». La World Federation of Societies of Biological Psychiatry (WFSBP) précise dans ses recommandations de 2004 qu'il existe « un consensus parmi les experts pour dire que le traitement prophylactique devrait être poursuivi toute la vie si possible ».

Ainsi, si la durée limitée des traitements aigus fait l'unanimité, celle des traitements thymorégulateurs prophylactiques reste peu consensuelle. Les troubles bipolaires de type 1 doivent probablement faire l'objet d'un traitement au long cours tandis qu'un arrêt peut-être discuté dans certains troubles de type 2 ou 3 à distance de tout épisode aigu.

Le diagnostic de trouble bipolaire est réalisé par un spécialiste suite à un ou plusieurs entretiens psychiatriques. Les décisions en matière de traitement médicamenteux sont fondées sur une évaluation commune et adaptée à chaque patient de la balance bénéfice-risque de chaque classe thérapeutique (voir les questions correspondantes de cet ouvrage).

Il existe cependant des recommandations à la disposition des médecins psychiatres pour les aider dans leurs décisions thérapeutiques. Elles émanent soit d'autorités de santé (comme la Haute Autorité de Santé), soit de conférences d'experts qui se réunissent pour proposer des « algorithmes décisionnels » fondés sur les connaissances et les pratiques actuelles.

Ainsi, la Haute Autorité de Santé (HAS) a publié en 2009, via son service des bonnes pratiques professionnelles, un guide d'Affection Longue Durée (ALD) sur les troubles bipolaires proposant (chapitre 5) des stratégies thérapeutiques.

D'autres sources de recommandations sur le traitement médicamenteux des patients souffrant de trouble bipolaire sont les « guidelines » de la *World Federation of Societies of Biological Psychiatry* (WFSBP). La WFSBP est un regroupement d'experts qui propose une synthèse des données de la littérature et des propositions de stratégies thérapeutiques pour la prise en charge des épisodes dépressifs du trouble bipolaire, des épisodes maniaques et du traitement de fond du trouble bipolaire (publiées en 2002). Elles sont traduites en français.

Il existe de nombreuses sources de recommandations utilisées en France, en fonction des hôpitaux et des praticiens. Une conférence de consensus réunie en 2000 a donné lieu à l'établissement d'un algorithme de prise en charge du trouble bipolaire largement consulté : « l'algorithme texan » (la conférence s'étant réunie à Dallas, au Texas). À chaque situation clinique associée au trouble bipolaire, cet algorithme propose des paliers de traitement (du pallier 1 au pallier 7, en cas d'échec aux 6 précédents !) permettant une progressivité rationnelle dans les prescriptions médicamenteuses. L'Association Américaine de Psychiatrie (APA) a également proposé des recommandations en 2009, comme les experts canadiens de la Canadian Network for Mood and Anxiety Traitments en 2009 et les Anglais de la National Institute for Health and Clinical Excellence (NICE), en 2006.

Ainsi, les spécialistes ont à leur disposition des documents pour les assister dans leurs décisions thérapeutiques. Il n'en reste pas moins que la prescription médicamenteuse est à adapter à chaque situation individuelle par le couple médecin-patient (et parfois avec la famille).

69 Pourquoi le traitement du trouble bipolaire n'est-il pas le même pour tous les patients ?

La prise en charge des patients souffrant de trouble bipolaire est basée sur des recommandations communes appelées « conférences de consensus », ou « guidelines », établies par des groupes d'experts. En France, c'est la Haute Autorité de Santé (HAS) qui formule ces recommandations. Elles doivent garantir le meilleur niveau possible de soins pour tous. Elles s'appuient sur les plus récentes et les meilleures données de la recherche : en particulier l'évaluation de l'efficacité d'une intervention (traitement médicamenteux, psychothérapie, type d'hospitalisation, etc.) en comparaison à un placebo (le placebo étant défini comme une intervention d'apparence identique mais dépourvue du principe actif supposé).

Cependant, pour des raisons de rigueur et de reproductibilité, ces études sont en partie « artificielles », et pas forcément représentatives de l'ensemble des patients souffrant de trouble bipolaire. Ainsi, les résultats d'une étude qui montre l'efficacité d'un médicament chez un patient souffrant de trouble bipolaire de type I, suivi en consultation et sans autre trouble associé, sont-ils applicables à un autre patient souffrant de trouble bipolaire de type II, hospitalisé, et présentant un abus à une substance associé ? Les résultats des études sont donc valables pour un certain nombre de patients, mais parfois difficilement applicables à tous les cas de figures. Il est toujours indispensable d'en connaître les résultats, mais aussi les limites.

Cela laisse la place à l'individualisation du traitement, au cas par cas. Chaque individu étant différent, le même protocole ne peut pas s'appliquer de manière uniforme à tous.

Ainsi, si les traitements régulateurs de l'humeur sont recommandés dans le trouble bipolaire, le choix précis de la molécule se fera en fonction du profil du patient, de ses préférences et parfois aussi de l'expérience du psychiatre.

Les recommandations ne s'y trompent d'ailleurs pas : en plus d'indiquer les prises en charges « types », elles insistent sur la nécessité de personnaliser le traitement pour chaque patient. La psychiatrie, comme toute spécialité médicale n'est donc pas qu'une science, il s'agit aussi d'un art.

Les traitements du trouble bipolaire sont-ils une « camisole chimique » ? 70

Non, bien que les patients souffrant de trouble bipolaire ainsi que leurs proches aient souvent la crainte que les traitements médicamenteux soient dangereux, comportent plus d'inconvénients que d'avantages, voire constituent de véritables « camisoles chimiques ».

Cette inquiétude remonte en partie à l'époque des débuts de l'utilisation des neuroleptiques et anxiolytiques, dans les années 1950-1960 : ces traitements pouvaient parfois conduire à un effet de « matraque liquide » pour les patients agités. L'utilisation de traitements dits sédatifs reste d'actualité en cas de grande agitation (donc dans une minorité de cas), et en complément de mesures d'apaisement comme l'accueil du patient dans un environnement calme. En dehors de l'urgence, l'effet sédatif des traitements du trouble bipolaire est plutôt un effet secondaire indésirable que l'effet recherché, et le psychiatre cherche donc à l'éviter ou à le rendre le moins désagréable pour les patients.

Il n'en reste pas moins que les traitements comportent tous des effets secondaires (voir la question correspondante dans cet ouvrage). Il convient donc de chercher le médicament qui sera le plus efficace, tout en étant le mieux toléré. Le choix du traitement se fera donc aussi en fonction des priorités des patients, au sein desquels chacun aura sa préférence entre efficacité et tolérance. L'important est d'être bien informé des bénéfices que l'on peut attendre du traitement, ainsi que de ses effets indésirables.

Rappelons que l'évolution et le pronostic du trouble bipolaire ont radicalement changé grâce aux traitements médicamenteux, qui ont permis les soins en dehors de l'hôpital et l'utilisation de la psychothérapie. Par ailleurs, des doses plus faibles de médicaments et des molécules plus récentes permettent une meilleure tolérance. Les bénéfices des médicaments restent donc largement supérieurs à leurs désavantages.

71 Peut-on soigner le trouble bipolaire par des plantes ou de l'acupuncture ?

Non, bien que l'on dispose de peu de données sur la question, les recommandations actuelles ne mentionnent pas ces traitements.

On oppose parfois la médecine « moderne » à d'autres approches dites « alternatives ». Ces dernières relèveraient de soins plus « naturels », alors que la médecine moderne s'appuierait sur la pharmacologie et des molécules produites artificiellement, connotées négativement dans ce contexte.

En réalité, l'utilisation de plantes pour soigner les maladies (appelée phytothérapie) repose sur l'utilisation des substances chimiques qui sont contenues dans ces plantes. Parmi ces traitements, le millepertuis, ou *hypericum perforatum* a été particulièrement étudié. Cette plante a un effet bénéfique sur les épisodes dépressifs d'intensité légère à modérée. De nombreux autres produits à base de plantes ont été étudiés, mais aucun n'a fait la preuve de son efficacité. Certaines de ces substances peuvent s'avérer de réels agents pharmacologiques, et doivent donc être utilisées avec les mêmes précautions que celles employées pour des médicaments. Elles ont notamment des effets secondaires, et peuvent diminuer l'efficacité d'autres médicaments, ou au contraire en augmenter la concentration dans le sang jusqu'à des taux dangereux pour la santé.

Ainsi, le millepertuis crée d'importantes interactions avec les autres traitements et comporte par ailleurs le risque d'induire un épisode maniaque. Dans le cadre du trouble bipolaire, il est donc impératif que sa prise soit encadrée d'une information précise et réalisée avec l'accord du médecin traitant et du psychiatre.

Un autre exemple est le « kava-kava » (*piper methysticum*), traditionnellement utilisé dans les îles du Pacifique pour ses effets sur le cerveau. Ce traitement n'a pas fait la preuve de son efficacité, mais a par contre été retiré de la vente dans de nombreux pays du fait d'une toxicité potentiellement mortelle sur le foie. Il est donc important de rappeler que « naturel » ne signifie pas « sûr » !

Les résultats des études évaluant l'efficacité des oméga-3, de même que l'acupunture, dans le trouble bipolaire sont contradictoires, et leur utilisation n'est à ce jour pas recommandée. Notons que dans toutes les évaluations faites, les oméga-3, comme l'acupuncture, étaient utilisés comme un traitement associé, ne remplaçant aucunement le traitement pharmacologique.

72 L'hospitalisation est-elle indiquée en cas de trouble bipolaire ?

Oui, l'hospitalisation est un outil thérapeutique à envisager dans certains cas.

Dans le trouble bipolaire, elle peut être envisagée au décours de certains épisodes aigus maniaques ou dépressifs. Il existe plusieurs critères qui peuvent amener le spécialiste à proposer une hospitalisation.

La *sévérité de la symptomatologie* et en particulier un tableau de manie (délirante en particulier) ou de mélancolie sont des critères absolus d'hospitalisation.

L'existence de *troubles du comportement* (voir question correspondante de cet ouvrage) ou d'un *risque suicidaire* important avec une menace de passage à l'acte évaluée par un psychiatre amène à proposer une hospitalisation à visée de « mise à l'abri » du patient maniaque ou dépressif, pour le protéger de lui-même et des conséquences de ses actes.

En cas de *doute diagnostic*, une hospitalisation peut être recommandée pour réaliser une « observation » du comportement et affiner les éléments diagnostics ou si des examens complémentaires sont nécessaires, pour éliminer un autre diagnostic ou confirmer le diagnostic d'épisode maniaque ou dépressif (surtout lors d'un épisode inaugural). En particulier, l'hospitalisation peut lever le doute sur une cause toxique (alcool ou autre toxique) à l'origine des symptômes (voir question sur les diagnostics différentiels dans cet ouvrage).

La coexistence d'*autres pathologies* psychiatriques ou somatiques, les antécédents d'épisodes dépressifs ou maniaques sévères, de tentative de suicide ou de troubles majeurs du comportement sont des éléments à prendre en considération dans la réflexion pour une proposition d'hospitalisation.

Pour *débuter un traitement* sous surveillance médicale stricte, il peut parfois être nécessaire de proposer un séjour hospitalier.

Enfin, l'absence d'un entourage soutenant ou l'existence de conditions de vie difficiles rendant impossible une surveillance, un accompagnement ou l'accès aux soins sont des facteurs faisant envisager une hospitalisation.

Ainsi, les objectifs et les bénéfices d'une hospitalisation sont nombreux : elle permet notamment une surveillance et une prévention du risque de passage à l'acte et de troubles du comportement, une observation clinique, une initiation ou une adaptation thérapeutique rapprochée avec une évaluation régulière de la tolérance et de l'efficacité des traitements mis en place. L'hospitalisation permet également d'instaurer un cadre apaisant permettant de couper avec certaines stimulations extérieures trop intenses. Elle permet enfin de débuter une psychothérapie intensive.

73 Peut-on hospitaliser sans son accord un proche souffrant d'un trouble bipolaire ?

Oui, dans certaines situations, et sur avis spécialisé d'un psychiatre, il est possible d'hospitaliser une personne sans son accord. Bien entendu, le consentement du patient, qui est important pour l'établissement d'une relation médecin-malade de qualité, sera toujours recherché. Cependant, il peut exceptionnellement être nécessaire, pour des raisons d'urgence aux soins ou de danger imminent par exemple, de passer outre l'avis du patient et de décider d'une hospitalisation sans consentement.

Dans le trouble bipolaire, ce sont évidemment les épisodes aigus qui sont concernés. Il s'agit essentiellement de troubles du comportement, de situations de risque suicidaire majeur ou de mise en danger du patient, parfois de non reconnaissance de son état (en particulier en cas de mélancolie ou de manie délirante). Dans ce type de situations, si le psychiatre estime que l'état psychique du patient rend impossible son consentement aux soins, la loi française prévoit deux modes d'hospitalisation sans consentement : les Soins à la Demande d'un Tiers (SDT) et les Soins psychiatriques sur Demande du Représentant de l'État (SDRE). Ces modes d'hospitalisations sont régis par la loi du 5 juillet 2011 (en réforme de la loi de 1990 sur les hospitalisations) et les article L.3212-1 (ou-3 en cas de péril imminent) et L.3213-1 (ou -3 si péril imminent) du Code de la Santé Publique. Il est ainsi possible de mettre en place une hospitalisation sans consentement du patient si « [son] état impose des soins immédiats assortis d'une surveillance constante en milieu hospitalier » et que « ses troubles rendent impossible son consentement ». La mesure de SDT est (sauf urgence) constituée d'une demande manuscrite d'un tiers (idéalement famille proche du patient) et de deux certificats médicaux attestant de l'état psychiatrique du patient.

Si une mesure d'hospitalisation sans consentement est mise en place, le patient perd son pouvoir décisionnel par rapport aux soins (et à l'hospitalisation) qui peuvent désormais lui être imposés. La mesure est réévaluée régulièrement (et dès les 24e et 72e heures d'hospitalisation) et est soumise au contrôle du Juge d'Application des Libertés. La levée de la mesure se fait soit par le psychiatre, soit par le tiers signataire, soir sur décision judiciaire, soit encore par recours auprès de la Commission Départementale des Hospitalisations Psychiatriques.

La décision d'hospitaliser un proche sans son consentement et de le priver de sa liberté de choix est difficile à prendre pour les familles de patients mais elle doit être mise en balance avec un risque suicidaire ou de troubles du comportement majeurs. Il est alors important de garder en tête le pronostic favorable des épisodes maniaques et dépressifs lorsqu'ils sont pris en charge et traités à temps. C'est ce pronostic et les moyens existants qui incitent le psychiatre à proposer, quand cela s'avère nécessaire, une décision de soins sans consentement. C'est une décision difficile à prendre également pour un professionnel de santé, mais qui garde pour objectif le soin d'un patient en grande souffrance morale.

74 Peut-on soigner un patient sans son consentement hors de l'hôpital ?

Depuis juillet 2011, la loi permet d'instaurer des soins ambulatoires (c'est-à-dire en dehors de l'hôpital) sans le consentement du patient (voir la question sur les soins hospitaliers sans consentement).

Après une période d'évaluation de 72 heures au sein de l'hôpital, il est possible pour le psychiatre de rédiger un certificat demandant la poursuite, en ambulatoire, des soins sans le consentement du patient. Après avoir recueilli l'avis du patient, le psychiatre établit un programme de soins qui en fixe la nature, la périodicité et le lieu où ils seront réalisés. L'objectif est de permettre un retour à domicile plus rapide, et de donner un cadre légal à des « sorties d'essai » qui se prolongeaient indéfiniment.

Un certificat médical justifiant de la poursuite des soins sans consentement est réalisé dans les 8 premiers jours, le premier mois, puis tous les mois. Le psychiatre peut à tout moment prononcer la levée de la mesure de soins sans consentement comme le retour à des soins en milieu hospitalier.

Cette loi a soulevé de nombreuses inquiétudes quant à une atteinte aux libertés individuelles. Le patient peut saisir le juge des libertés ou la commission départementale des soins psychiatriques chargée d'examiner la situation des personnes soignées sans leur consentement, afin d'évaluer la validité des soins sans consentement.

Rappelons qu'en particulier en ambulatoire, et même s'il ne peut pas toujours être obtenu, le consentement du patient doit toujours être recherché. Les soins, délivrés dans l'intérêt du patient, sont toujours plus efficaces dans le cadre d'une relation de confiance que de méfiance ou de contrainte.

Pour toutes ces raisons, les soins sans consentement doivent rester l'exception.

75 Psychiatre, psychothérapeute, médecin généraliste, infirmier, CMP... Qui est qui et qui fait quoi dans la prise en charge du trouble bipolaire ?

La Haute Autorité de Santé (HAS) indique que les objectifs de soins seront atteints au mieux si un réseau s'organise autour du patient. Il n'est cependant pas toujours facile pour les patients et leurs familles de s'y retrouver face aux nombreuses structures et intervenants impliqués.

Le *psychiatre* pose le diagnostic et établit un plan de soins qu'il coordonne avec l'ensemble des intervenants, et en lien avec le *médecin généraliste* (qui est le plus souvent le médecin traitant). Psychiatre et médecin traitant sont les deux seuls à pouvoir prescrire les médicaments. Des *médecins spécialistes* peuvent également intervenir pour un avis complémentaire sur le diagnostic (diagnostic différentiel) ou sur un effet secondaire des traitements.

Le *psychothérapeute* est le plus souvent un psychiatre, psychologue ou infirmier formé à une psychothérapie structurée (voir la question se rapportant aux psychothérapies). Un *psychanalyste* est donc un psychothérapeute.

L'infirmier peut assurer un contact plus fréquent avec le patient, réaliser les prises de sang, animer un atelier thérapeutique, ou encore effectuer des visites à domicile en cas de besoin.

Le *psychologue* peut, en plus d'une éventuelle psychothérapie, proposer un bilan de personnalité et/ou un bilan neuropsychologique (évaluation des fonctions cognitives).

L'assistant social aide le patient dans ses démarches sociales en cas de besoin : demande d'Allocation Adulte Handicapé (AAH), reconnaissance d'invalidité, intervention auprès des Maisons Départementales de Personnes Handicapées (MDPH), etc.

Le *tuteur* ou *curateur* est la personne qui gère les biens du patient si celui-ci est sous mesure de protection.

Le *Centre Médico-Psychologique* (CMP) est le centre de consultation où peut se rendre le patient pour rencontrer les différents intervenants.

Le *Centre d'Accueil Thérapeutique à Temps Partiel* (CATTP) est le lieu où l'on trouve différents types de socio-thérapies. CMP et CATTP sont parfois dans le même lieu.

Les *Groupes d'Entraide Mutuelle* (GEM) sont des associations où les patients peuvent se retrouver et échanger sur leurs expériences, se soutenir, mais aussi organiser des ateliers de socio-thérapie.

Bien entendu, en fonction de la sévérité de leur trouble et de leur environnement socio-familial, tous les patients ne nécessitent pas l'intervention de tous ces professionnels et structures.

Depuis la Seconde Guerre mondiale l'organisation de la psychiatrie a radicalement changé. À un système centré sur l'hospitalisation à temps plein, pour des durées longues voire infinies, et loin des centres de populations denses (« l'asile »), a succédé la politique dite « de secteur », qui consiste à privilégier les solutions alternatives à l'hospitalisation, au plus proche des lieux de vie, évitant la ségrégation des patients souffrant de troubles psychiatriques. Ainsi, la psychiatrie « désaliéniste » a permis une évolution vers une prise en charge « hors les murs » de l'hôpital psychiatrique.

C'est ainsi qu'est apparue la politique de secteur, qui consiste à organiser l'ensemble des soins de la psychiatrie publique en unités de base : le secteur psychiatrique. Cette organisation en réseau de soins était à l'époque très innovante et prévaut désormais dans la plupart des pays européens.

Le secteur psychiatrique a pour mission de coordonner et de dispenser, pour une population et un territoire de proximité, l'ensemble des soins et services nécessaires à la couverture globale des besoins : prévention, soins, postcure et réadaptation. En 2003, il existait 815 secteurs, soit un secteur pour 56 100 habitants âgés de plus de 20 ans. Chaque habitant dépend donc d'un secteur psychiatrique et, même si tout patient est libre de choisir le médecin qui s'occupe de lui et le lieu où il est hospitalisé, l'engorgement des centres de consultation rend en pratique bien difficile de consulter dans la psychiatrie publique ailleurs que dans le secteur dont on dépend. Il est par ailleurs préférable de consulter dans son secteur, pour bénéficier de la cohérence de son organisation à proximité de chez soi.

Ce mouvement de « désinstitutionalisation », en essayant de développer les alternatives à l'hospitalisation, a également conduit à la fermeture de nombreux lits de psychiatrie. Ces fermetures ne sont malheureusement pas toujours compensées par des moyens équivalents dans les structures alternatives.

77 Quelles psychothérapies pour le trouble bipolaire ?

La psychothérapie du trouble bipolaire est toujours conduite en association avec les traitements médicamenteux. Il s'agit d'approches complémentaires : la psychothérapie ne peut pas apporter au patient ce que les médicaments lui apportent, et réciproquement.

Les *thérapies d'inspiration psychanalytique* visent à mettre à jour des conflits inconscients afin d'en diminuer l'intensité voire de les résoudre. Elles permettent de mieux se connaître, et ont une durée longue (plusieurs mois à années).

Les autres psychothérapies du trouble bipolaire sont plus brèves (plusieurs semaines à plusieurs mois). Il s'agit de la *Thérapie Cognitive et Comportementale (TCC)*, la *thérapie familiale*, et la *Thérapie InterPersonnelle avec Aménagement des Rythmes Sociaux (TIPARS)*. Toutes trois insistent sur l'information concernant la maladie, l'attention portée à des signes de rechute, et l'amélioration de l'observance médicamenteuse.

Les *TCC* tentent d'identifier les pensées et croyances qui peuvent aggraver les symptômes et le risque de rechute. Par exemple, l'idée erronée que c'est de la faute du patient s'il est malade, génère de la culpabilité et ralentit la rémission ou favorise la rechute.

La partie comportementale des *TCC* est proche de celles des *TIPARS* : son objectif est de mettre en place un rythme de vie qui soit le plus stable possible, car des rythmes irréguliers sont un facteur de risque de rechute. Les *TIPARS* tentent de gérer et d'améliorer un problème relationnel, dit « interpersonnel », comme un conflit avec un proche.

Enfin, les *thérapies familiales* s'appuient sur l'équilibre au sein du système familial, essaient d'établir en quoi celui-ci peut stabiliser et déstabiliser le patient, et cherchent à limiter les facteurs relationnels familiaux pouvant précipiter une rechute.

78 Qu'appelle-t-on « psychoéducation » ?

La psychoéducation est une approche psychothérapeutique qui se développe depuis quelques années en psychiatrie et notamment dans le trouble bipolaire. Elle repose sur le constat que les patients informés de leur diagnostic et de leur pathologie rechutent moins souvent que les autres patients.

La psychoéducation se déroule en général en plusieurs temps : des séances éducatives pendant lesquelles le patient est informé de sa maladie et des caractéristiques de celle-ci (symptômes, causes, traitements, etc.), puis des séances d'entraînement à la communication et à la résolution de problèmes et enfin des séances de gestion des situations de crise. Ces différents temps thérapeutiques permettent une meilleure compréhension de la maladie (qui entraîne une meilleure adhésion aux soins et observance), une amélioration de l'adaptation sociale, une diminution des rechutes (une étude retrouvait ainsi une diminution de 20 % des rechutes) et surtout une augmentation de la qualité de vie.

Cette psychothérapie, souvent réalisée en groupe, est un complément à la thérapeutique médicamenteuse et à la psychothérapie individuelle. Elle doit être adaptée au patient, au degré de sévérité de sa maladie, à son stade évolutif et au contexte culturel et de vie dans lequel évolue le patient. Elle permet d'impliquer le patient (et souvent son entourage) dans une prise en charge « active » dans laquelle il devient un « acteur » de sa santé : il est « éduqué » à sa maladie (d'où le terme de cette technique psychothérapeutique). Formalisé en « psychoéducation » ou simplement outil d'une psychothérapie plus large, l'éducation du patient et de son entourage permet un meilleur pronostic du trouble bipolaire et constitue un élément fondamental de la prévention des rechutes dépressives et maniaques. Le patient sait désormais non seulement identifier les facteurs « précipitants » mais aussi les premiers signes de ces épisodes et peut prendre les mesures nécessaires pour prévenir la « décompensation » en épisode aigu.

Le mindfulness (littéralement thérapie de la « pleine conscience ») est une technique psychothérapeutique qui s'est développée au cours des dix dernières années pour soigner différents troubles psychiatriques.

Elle s'appuie notamment sur des techniques de relaxation. Son objectif est d'atteindre un état de pleine conscience du moment présent en se focalisant sur ses pensées et ressentis sans les juger. Par exemple, il s'agit de reconnaître les pensées et émotions comme des événements se produisant dans l'esprit (donc venant de soi) plutôt que comme des manifestations d'une réalité extérieure (qui serait par définition inaltérable et donc sur laquelle on n'aurait pas d'action possible). Cela permet d'ouvrir la porte à une autre perception de la réalité et du vécu.

Ce type de psychothérapie a été combiné aux théories cognitives pour former la thérapie cognitive basée sur le mindfulness.

Dans le trouble bipolaire, il semble que cette thérapie pourrait avoir un intérêt dans la prise en charge des symptômes résiduels (symptômes persistant entre deux épisodes aigus) ou des symptômes anxieux. Cette thérapie n'a pas été évaluée pour des patients souffrant de trouble bipolaire qui présentent un épisode aigu, et n'est pas destinée à remplacer les autres traitements, notamment médicamenteux, mais plutôt à leur être complémentaire.

80 Comment soigner par l'art-thérapie et l'ergothérapie ?

Dans les années 1940, l'artiste Jean Dubuffet découvre les productions artistiques de patients hospitalisés dans des services de psychiatrie, et nomme ce type d'expression « l'art brut ». Pour certains patients il n'est pas toujours facile de s'exprimer par la parole, de faire part de ses ressentis, ou simplement d'identifier et décrire ses propres émotions (on parle alors d'alexithymie).

L'art-thérapie, également parfois appelée médiation artistique, est l'utilisation de l'art comme d'un support pour s'exprimer et qui a pour but le soin. L'art-thérapeute se place donc dans une démarche psychothérapeutique, et l'important n'est pas la qualité (toujours subjective) de la production artistique, mais ce qui se passe au cours du processus de création. Par exemple, l'utilisation de l'art permet à certains patients en phase dépressive d'améliorer l'estime de soi par le simple fait de réussir à produire une œuvre, aussi simple soit-elle. Le processus de création permet aussi de canaliser l'énergie de certains patients en phase hypomaniaque (plus rarement maniaque). Différents supports artistiques peuvent être utilisés : dessin, peinture, sculpture, théâtre, danse, vidéo, etc.

L'ergothérapie se place plus dans une perspective de réadaptation, et s'exerce donc dans un cadre plus structuré. Rappelons en effet qu'un grand nombre de patients présente des symptômes résiduels (qui persistent en dehors des phases aiguës). *Ergon* signifie « travail » en grec, et l'ergothérapie s'appuie donc sur le travail manuel pour le soin de patients souffrant de handicap, afin d'atteindre un niveau maximal d'autonomie. Une première phase cherche à évaluer les besoins et objectifs du patient, et les ressources (psychologiques et environnementales) à sa disposition pour atteindre ces objectifs. L'utilisation de travaux manuels adaptés à chaque patient permet ensuite de s'appuyer sur ces ressources pour essayer d'adapter au mieux les interactions entre le patient et son environnement, afin de retrouver un équilibre.

Ces thérapies « médiatisées » (utilisant un support extérieur) sont complémentaires des autres traitements (médicamenteux et psychothérapeutiques).

L'observance est définie dans la langue française comme « l'action de se conformer à une règle » (dictionnaire *Trésor de la Langue Française).* En médecine l'observance, appelée également adhésion au traitement ou compliance, est l'adéquation existant entre le comportement d'un patient et les recommandations formulées par son médecin.

L'observance est l'enjeu de toute prescription médicamenteuse par un médecin à son patient. En psychiatrie, on estime que près d'un patient sur deux ne prend pas correctement son traitement (prise nulle, insuffisante ou par excès) après la sortie de l'hôpital.

Les conséquences d'une mauvaise observance thérapeutique sont une perte d'efficacité des traitements, des conséquences potentiellement graves pour la santé (surdosage) et des conséquences économiques (surconsommation de soins).

Les causes possibles de mal-observance peuvent être liées au traitement (nombre de comprimés ou nombre de prises trop élevés, durée du traitement, effets indésirables trop importants ou image sociétale véhiculée sur les traitements), au patient (observance plus basse chez les célibataires, les jeunes ou chez les patients présentant des troubles de la personnalité), au médecin, à la qualité de la relation médecin-malade ou encore à la présence de l'entourage.

L'ensemble de ces facteurs justifient cet ouvrage tant l'observance médicamenteuse est un enjeu important dans le traitement de la bipolarité. En pratique, il n'est pas rare que les patients se confrontent à plusieurs arrêts de traitements et rechutes avant de percevoir l'intérêt de leur prise régulière. Une bonne relation médecin-malade, qui passe aussi par une bonne explication de la maladie ainsi que des bénéfices et des risques des traitements, devrait permettre d'améliorer l'observance et de diminuer le risque de rechutes maniaques ou dépressives si délétères en terme de qualité de vie.

82 Existe-t-il des mesures de protection en urgence pour les patients souffrant de trouble bipolaire en phase aiguë ?

Oui, des mesures de protection existent en réponse aux troubles du comportement (voir question correspondante du même ouvrage) que les patients souffrant de trouble bipolaire peuvent présenter lors des épisodes aigus et qui peuvent mettre en danger leur intégrité physique, psychique ou « sociale ». La première mesure de protection à discuter en cas d'épisode maniaque ou dépressif d'intensité sévère est l'hospitalisation ; elle fait l'objet d'une question de cet ouvrage.

Lors d'épisodes maniaques, les patients atteints de trouble bipolaire peuvent effectuer des achats ou des actes inconsidérés. Ils peuvent ainsi se mettre en difficulté (ainsi que leurs proches) sur le plan financier et socio-professionnel. Il existe une mesure de protection civile permettant de « protéger » les patients en phase maniaque : la sauvegarde de justice.

La sauvegarde de justice est la moins contraignante et la plus temporaire des mesures de protection civile. Il s'agit d'une mesure provisoire, à effet immédiat, prononcée pour une durée de deux mois, éventuellement renouvelable (un nombre indéterminé de fois) et prenant fin d'elle-même à l'expiration du délai de sa déclaration. Deux modalités de mise en place d'une sauvegarde de justice sont possibles : par simple déclaration (certificat) du médecin traitant (ou du psychiatre) au procureur de la République ou par décision du juge des tutelles.

Les effets de la sauvegarde de justice sont limités. En particulier, elle n'a pas de conséquences pour les droits civils ou civiques du protégé et ne l'empêche pas d'agir. Elle rend possible pour le patient, sa famille ou le juge des tutelles d'intenter une action en annulation ou en réduction pour excès auprès des tribunaux pour des actes qu'ils estiment « inconsidérés ». La décision de révision de ces actes appartient aux tribunaux et n'est pas systématique.

La tutelle et la curatelle sont des mesures de protection plus contraignantes qui ne sont pas initiées en urgence et interviennent dans un cadre plus large que les épisodes aigus (voir la question suivante).

83 Existe-t-il des mesures de protection à long terme pour les patients souffrant de trouble bipolaire ?

Oui, des mesures de protection à long terme existent : la curatelle et la tutelle. En effet, il peut arriver que la persistance de symptômes ou de rechutes fréquentes conduise les patients souffrant de trouble bipolaire à présenter une altération de leur discernement et par conséquent à être inaptes à la gestion de leurs biens et à l'exercice de tout ou partie de leurs droits civils, civiques ou juridiques.

La curatelle est prononcée par le juge des tutelles, sur la demande du malade ou de sa famille, au vu d'un certificat médical établi par un psychiatre figurant sur la liste spéciale du procureur de la République. Elle a pour objectif de protéger le sujet de décisions intempestives touchant son patrimoine, tout en préservant au maximum son autonomie et sa vie sociale. Un curateur est désigné : idéalement une personne proche du patient, sinon une association de gestion habilitée. Une fois en place, la curatelle est durable, et seul le juge des tutelles peut y mettre fin.

Sur le plan civique, le protégé conserve le droit de vote et peut se marier ou effectuer une donation uniquement avec l'avis du curateur. Le protégé reste gestionnaire de ses biens, mais il existe une possibilité d'action en nullité ou en réduction si le trouble mental au moment de l'acte peut être prouvé. La curatelle renforcée est une modalité particulière où c'est le curateur qui gère les biens du protégé, elle est donc beaucoup plus contraignante.

La tutelle est établie en suivant les mêmes démarches que la curatelle. Le protégé sous tutelle perd son droit de vote, et doit être en toutes circonstances de sa vie civile représentée par son tuteur, qui gère l'ensemble de ses biens.

Le trouble bipolaire est une pathologie chronique, nécessitant un traitement prolongé et coûteux. Il figure donc, à ce titre, sur la liste des trente *Affections de Longue Durée* (ALD30), qui donne droit à une prise en charge à 100 % par la Sécurité sociale des soins liés à la maladie : consultations, traitements médicamenteux, certains transports et la part médicale des hospitalisations. Le forfait journalier hospitalier qui couvre les dépenses dites « d'hôtellerie » reste à la charge du patient.

Pour que le patient puisse bénéficier d'une prise en charge au titre de l'ALD, le médecin traitant doit en faire la demande à la Caisse Primaire d'Assurance-maladie (CPAM). Le psychiatre peut également faire cette demande, mais alors l'ALD, si elle est accordée dans ces conditions, ne l'est que pour une durée de 6 mois. Le médecin traitant pourra alors faire, à son tour, une demande pour une durée plus longue.

Par ailleurs, le trouble bipolaire peut avoir un retentissement sur la vie professionnelle et plusieurs options sont alors envisageables.

Suite à un arrêt de travail, le médecin peut proposer la *reprise du travail sous forme de temps partiel thérapeutique*, en accord avec le médecin-conseil de la CPAM. La reprise du travail peut alors se faire selon des modalités déterminées entre le médecin, l'employeur, le médecin du travail et le patient.

Au-delà de 3 ans d'arrêt maladie, le patient est placé en *invalidité*, et touche donc une pension. En cours d'invalidité, il est possible de reprendre le travail, mais l'addition de la pension et du nouveau salaire ne doit pas être supérieure au salaire de référence. Les fonctionnaires peuvent bénéficier du *Congé de Longue Durée* (CLD), qui préserve le salaire dans son intégralité pendant 3 à 5 ans.

La *Maison Départementale des Personnes Handicapées* (MDPH) délivre le *statut de travailleur handicapé*, qui permet d'accéder à des emplois protégés (en milieu ordinaire ou en milieu protégé comme les Centres d'Aide par le Travail ou CAT). *L'Allocation Adulte Handicapé* (AAH) est également attribuée par la MDPH sous conditions. Elle vient compenser l'incapacité à travailler induite par la maladie.

D'une façon générale, les assistants sociaux présents à l'hôpital, en clinique ou dans des structures spécialisées (type Centre Communaux d'Action Sociale, CCAS, ou Centre Médico-Sociaux, CMS) sont des professionnels pouvant informer et aider les patients dans leurs démarches sociales.

Quelle attitude l'entourage doit-il adopter face à un patient souffrant de trouble bipolaire ? 85

Chaque patient est différent, de même que chaque situation familiale. Il est donc difficile de formuler des recommandations qui seraient valables dans tous les cas. D'une manière générale, il est important que chacun réagisse aussi en fonction de sa propre personnalité et de son histoire personnelle.

Notons que du point de vue des patients, le trouble bipolaire est une maladie qui a un fort retentissement sur leur relation avec leurs proches : 38 % ont un sentiment de rejet de la part de leur famille, et 44 % de leurs amis. Mais il est bien souvent difficile pour les familles de comprendre le trouble, et de savoir comment réagir lorsqu'un proche en souffre.

Un élément crucial pour savoir quelle attitude adopter est de comprendre la maladie et sa prise en charge. Fournir aux familles des outils permettant une meilleure compréhension du trouble bipolaire est donc plus efficace pour les aider à trouver l'attitude à adopter que de détailler une liste de comportements à mettre en œuvre ou à éviter. C'est une des raisons pour lesquelles cet ouvrage est rédigé.

Pour plus de précisions, les séances de psychoéducation, ou simplement un contact entre le psychiatre et la famille du patient (avec l'accord et en présence de ce dernier) sont à recommander dans la plupart des cas. À nouveau, il ne s'agira pas forcément de donner des conseils valables pour tous et tout le temps, mais plutôt d'aider les proches à trouver la réponse qui correspond le mieux au patient, à son entourage et à leur type de relation.

86 Est-ce de la faute des familles si un de leurs membres souffre de trouble bipolaire ?

Non ! S'il peut arriver que les patients ou leur entourage se questionnent sur leur responsabilité dans la survenue de la maladie, on pense actuellement que le trouble bipolaire se développe chez un individu qui regroupe un ensemble de conditions « défavorables » (voir les questions sur les causes du trouble) : une vulnérabilité biologique, associée à des facteurs environnementaux et des événements de vie stressants.

Les études sur l'influence des familles dans la genèse du trouble ont produit des résultats contradictoires, et il n'est actuellement pas possible de conclure à la responsabilité d'un dysfonctionnement familial dans l'apparition du trouble bipolaire.

Cependant, si l'attitude de l'entourage n'est pas la cause de l'apparition de la maladie, le niveau de fonctionnement des patients une fois la maladie déclarée dépend en partie de celle-ci. En effet, la perception par le patient du support social dont il bénéficie d'une part, et les attitudes des membres de la famille ou des amis d'autre part, représentent des facteurs influençant significativement la capacité à gérer le quotidien des patients souffrant de trouble bipolaire.

On ne peut donc qu'encourager les familles à essayer de comprendre les symptômes et la prise en charge du trouble bipolaire. Dans certains cas, une réflexion sur la dynamique familiale, éventuellement avec l'aide d'un professionnel de santé, peut s'avérer utile. En effet, même si la famille n'est pas la cause du trouble bipolaire, l'équilibre familial est bien fréquemment perturbé par l'apparition de la maladie.

Quelles informations le psychiatre peut-il fournir à l'entourage du patient ? 87

Le secret médical permet au patient de pouvoir parler à son médecin en toute confiance. D'une manière générale, la règle est donc pour le médecin de ne pas divulguer d'informations concernant l'état de santé d'un patient, notamment le contenu des entretiens psychiatriques.

Cependant, la loi prévoit certains aménagements ou exceptions au secret médical. Ainsi, le code de la santé publique explique « qu'*en cas de diagnostic ou de pronostic grave, le secret médical ne s'oppose pas à ce que la famille, les proches de la personne malade ou la personne de confiance* [...] *reçoivent les informations nécessaires destinées à leur permettre d'apporter un soutien direct à celle-ci, sauf opposition de sa part. Seul un médecin est habilité à délivrer, ou à faire délivrer sous sa responsabilité, ces informations.* » Par ailleurs, « *toute personne majeure peut désigner une personne de confiance qui peut être un parent, un proche ou le médecin traitant, et qui sera consultée au cas où elle-même serait hors d'état d'exprimer sa volonté et de recevoir l'information nécessaire à cette fin.* [...] *Si le malade le souhaite, la personne de confiance l'accompagne dans ses démarches et assiste aux entretiens médicaux afin de l'aider dans ses décisions.* »

On le voit, il est donc tout à fait possible de donner certaines informations aux proches, afin qu'ils puissent être associés à la prise en charge. L'important est que cela se fasse avec l'accord du patient, et de bien distinguer le fait de fournir des informations aux proches sur la maladie et de trahir la confidentialité des entretiens entre le patient et le psychiatre.

Dans le cadre du trouble bipolaire, le secret médical peut être rompu sans l'accord du patient en cas de nécessité de soins immédiats si le patient n'est pas en état de consentir à ceux-ci, c'est-à-dire dans les situations relevant des soins sans consentement (voir le chapitre sur cette question dans cet ouvrage). Le psychiatre peut alors donner certaines informations aux proches pour leur expliquer la gravité et l'urgence de la situation.

88 Existe-t-il des associations de patients ou de familles de patients souffrant de trouble bipolaire ?

Oui, et elles peuvent être d'une grande aide aux patients et à leurs familles. Bien souvent, ceux-ci se sentent isolés face aux difficultés quotidiennes liées à la maladie. Dans ce cas, rencontrer des personnes qui vivent la même expérience peut représenter un soutien significatif. Les associations peuvent aider les patients et leurs proches dans leurs démarches, les informer sur la maladie, leurs droits, ou tout simplement leur permettre d'échanger leur expérience.

Il faut cependant également rappeler que certaines associations sectaires profitent de la vulnérabilité dans laquelle les patients peuvent se trouver pour recruter. Mieux vaut donc demander conseil à son psychiatre, ou se rendre dans une association reconnue.

Il existe en France un grand nombre d'associations (c'est pourquoi seules les principales sont mentionnées ici), qui sont organisées au niveau national avec bien souvent des sections locales. Il est possible de trouver leurs coordonnées sur leurs sites internet respectifs, et à la fin de cet ouvrage.

Par exemple, l'UNAFAM (Union Nationale des Amis et Familles de personnes Atteintes de Maladie et/ou handicap psychique), est une des associations les plus développées et s'adresse avant tout aux proches, tandis que la FNAPSY (Fédération Nationale des Associations d'usagers en PSYchiatrie) est une association de patients, pour les patients. Certaines associations se consacrent plus spécifiquement aux troubles de l'humeur, et en particulier au trouble bipolaire : Argos2001, France-Dépression, et Bipol. Par ailleurs, de nombreux forums se développent sur internet, certains avec une certaine pertinence et rigueur dans leur modération et leurs contenus.

89 Quelle est le pronostic du trouble bipolaire ?

Le trouble bipolaire se déclare le plus souvent entre l'âge de 15 et 24 ans. Par définition, la maladie se caractérise par la répétition d'épisodes maniaques et dépressifs. Le trouble bipolaire est donc une maladie chronique, qui malgré la présence d'intervalles « libres », c'est-à-dire sans symptômes, présente un important risque de récurrence : 90 % des patients qui ont présenté un épisode maniaque auront d'autres épisodes. La durée moyenne entre les épisodes est d'environ 18 mois, et la durée d'un épisode d'environ 4 mois. Au total, les phases symptomatiques représenteraient 20 % de la vie des patients. Il est courant de décrire avec la progression de la maladie dans le temps une diminution de la durée des périodes de rémission. Il semblerait que cette idée soit fausse, les études les plus récentes montrant que cette aggravation n'existe pas chez un grand nombre de patients.

Il existe différents profils évolutifs, comme le profil biphasique, caractérisé par la succession de deux épisodes de polarités opposées puis d'une rémission. L'évolution dépend de ces profils : à titre d'exemple, il a été montré qu'un épisode dépressif suivi d'un épisode maniaque ou hypomaniaque aurait moins de chance de répondre à un traitement par lithium qu'un épisode maniaque ou hypomaniaque suivi d'un épisode dépressif.

L'évolution peut aussi être influencée par les saisons : les épisodes maniaques seraient plus fréquents au printemps et en été, les dépressions à l'automne et au printemps. Les changements de saisons semblent d'une manière générale des périodes à risque de déstabilisation de l'humeur.

Les facteurs augmentant le risque de récurrence sont un nombre important d'épisodes précédents et de jours passés en épisode l'année précédente, ainsi que la présence de symptômes résiduels (voir le chapitre sur cette question). Un début plus précoce de la maladie semble associé avec une évolution plus sévère et un plus grand risque de chronicité et de récurrences.

90 Qu'est-ce qu'une rechute, une récurrence, une récidive ?

Par définition, le trouble bipolaire se caractérise par la répétition d'épisodes maniaques et dépressifs : 90 % des patients qui ont présenté un épisode maniaque auront d'autres épisodes. On distingue parmi cette succession les « rechutes » et les « récurrences » ou « récidives ».

Une *rechute* est la réapparition de symptômes moins de six mois après un épisode, alors que l'évolution était favorable avec une réponse, voire une rémission (voir le chapitre consacré à réponse et rémission dans cet ouvrage). On considère que les symptômes qui réapparaissent au cours d'une rechute ne sont pas un nouvel épisode, mais font encore partie du dernier épisode en date. Ainsi, un patient sorti d'un épisode maniaque depuis 1 mois et qui présente à nouveau des signes maniaques est en rechute, et on considère que l'on se situe toujours dans le premier épisode.

Une *récurrence* est la réapparition de symptômes plus de six mois après la fin du dernier épisode. À la différence d'une rechute, une récurrence est considérée comme un nouvel épisode du trouble de l'humeur. Récidive est synonyme de récurrence, mais la connotation judiciaire du premier (on parle de récidive lorsqu'un criminel répète le crime pour lequel il a été condamné) nous fait préférer le second.

Qu'appelle-t-on « kindling » ? 91

Dès le début du XXᵉ siècle, le psychiatre allemand Emil Kraepelin avait décrit que les premiers épisodes bipolaires étaient souvent déclenchés par un événement fortement chargé en émotions. Il avait également noté que plus la maladie progressait, moins les récurrences successives semblaient liées à un stress ou à une cause extérieure identifiables. Ces récurrences survenaient donc de plus en plus « spontanément » avec l'évolution de la maladie, sans que le patient arrive à en expliquer l'origine.

Selon la théorie du « *kindling* », ou « phénomène d'embrasement », des événements de vie stressants sont nécessaires pour déclencher les premiers épisodes bipolaires et leurs récurrences, mais les épisodes suivants deviennent progressivement moins liés aux événements extérieurs stressants, et surviennent de plus en plus de manière autonome. Il est également possible qu'avec le temps, les épisodes se déclenchent suite à des événements dont l'importance va en diminuant.

Des traitements psychothérapeutiques comme les thérapies interpersonnelles avec aménagements des rythmes sociaux (voir le chapitre consacré aux psychothérapies) ont été développés à partir du constat d'un lien entre événements de vie et récurrences. Ils tentent donc de minimiser le risque de survenue d'un nouvel épisode en stabilisant les relations interpersonnelles. L'existence ou non d'un phénomène de *kindling* et d'une diminution de l'effet de ces événements de vie sur les récurrences a donc des implications sur les stratégies de prise en charge : avec l'augmentation du nombre d'épisodes, un stress de moins en moins important serait nécessaire pour déclencher un nouvel épisode, et la thérapie devrait donc en parallèle s'occuper d'événements de vie de plus en plus mineurs.

Il est important de signaler que les études cherchant à vérifier l'hypothèse du *kindling* ont eu des résultats contradictoires et il est difficile de confirmer, ou d'infirmer complètement, la théorie du *kindling*.

92 Peut-il persister des symptômes en dehors des épisodes aigus de la maladie ?

Oui, lors des phases inter-critiques (entre deux épisodes aigus), il peut parfois persister des symptômes plus ou moins invalidants.

Le psychiatre allemand Emil Kraepelin a défini le trouble bipolaire comme une succession d'épisodes maniaques et dépressifs, séparés par des « intervalles libres » ou rémissions, c'est-à-dire des phases sans symptômes. Mais il semblerait que cette conception soit en partie erronée, puisque 40 à 70 % des patients présentent des symptômes dits « résiduels », durant la moitié de leur vie au moins. Ces symptômes résiduels touchent aussi fréquemment les patients souffrant de trouble bipolaire de type I que de type II. Ils sont plus souvent de la lignée dépressive (persistance d'une humeur triste, ou d'un certain degré de dévalorisation par exemple) que maniaque. Les troubles cognitifs sont également fréquents (voir le chapitre consacré à cette question dans cet ouvrage).

Ces symptômes peuvent être qualifiés de « résiduels » d'un point de vue qualitatif (de faible intensité), quantitatif (potentiellement intenses mais trop peu nombreux pour constituer un épisode, comme par exemple la persistance d'un trouble du sommeil isolé), ou temporel (durée trop courte pour constituer un épisode).

Les symptômes résiduels ne doivent pas être négligés car ils ont un retentissement significatif sur le fonctionnement des patients au niveau professionnel, social, personnel et familial. De plus, la persistance de symptômes résiduels est un important facteur de risque de récurrence d'un nouvel épisode.

Leur prise en charge peut consister en un changement de traitement, en une augmentation du traitement en cours, ou encore en l'adjonction d'un second traitement médicamenteux ou d'une psychothérapie. Ces changements doivent être discutés avec le patient. En effet, s'il semble important de traiter ces symptômes résiduels, il faut prendre garde à ne pas déstabiliser le patient par des changements de traitement intempestifs.

L'adaptation du traitement se fera donc selon l'intensité des symptômes, leur retentissement sur la qualité de vie du patient, et bien entendu la demande du patient.

93 Le suicide est-il fréquent chez les patients souffrant de trouble bipolaire ? Comment peut-on en diminuer le risque ?

Oui, le suicide est un risque majeur dans le trouble bipolaire, en particulier s'il n'est pas soigné : plus de 25 % des patients souffrant de trouble bipolaire ont réalisé une tentative de suicide, et le taux de décès par suicide est élevé. Le retard diagnostic (voir question correspondante dans cet ouvrage) et l'accès aux moyens suicidaires (notamment les traitements) en sont probablement des explications. Les tentatives de suicide se produisent le plus souvent lors des phases dépressives ou mixtes, et plus rarement lors des phases maniaques. Il faut cependant être vigilant car une phase maniaque peut être rapidement suivie d'une phase dépressive mélancolique conduisant à un geste suicidaire.

L'évaluation du risque suicidaire n'est pas toujours simple, et le suicide reste un acte difficile à prévoir. Il est important de réfuter ici une croyance selon laquelle interroger un patient sur la présence d'idées suicidaires pourrait induire chez lui ces mêmes idées. Ce n'est pas le cas : parler d'idées suicidaires ne risque pas d'en créer, mais à l'inverse, ne pas en parler renforce l'impression de solitude et de désespoir face aux idées de suicide.

Le risque suicidaire est bien entendu fortement diminué lorsqu'une prise en charge est en place. Le traitement médicamenteux, la psychothérapie et les consultations régulières diminuent fortement le risque de passage à l'acte. En cas de crise suicidaire, le plus important est que le patient puisse rencontrer un médecin. Selon l'intensité de la crise, pourront être proposées la mise en route ou l'adaptation d'un traitement médicamenteux, des consultations plus rapprochées, la mise à distance de moyens de se suicider (armes à feu), la mobilisation de l'entourage, ou une hospitalisation, qui en cas d'urgence et d'impossibilité du patient de consentir aux soins pourra être réalisée sans le consentement du patient.

94 Le trouble bipolaire peut-il évoluer vers une démence ?

Cette question est sujette à controverse. Contrairement à la schizophrénie qui évoluerait vers un déclin progressif des processus de pensée, ou déclin « cognitif » (voir l'ouvrage sur la schizophrénie chez le même éditeur), le trouble bipolaire a longtemps été considéré comme de meilleur pronostic, et avec des intervalles « libres », c'est-à-dire une absence complète de symptômes entre les épisodes.

Cependant, il existe fréquemment entre les récurrences des symptômes résiduels, notamment des troubles cognitifs. Il a par ailleurs été relevé que chez un nombre important de patients souffrant de trouble bipolaire, des signes de déclin cognitif (« démentiels ») apparaissaient.

Le risque de développer une « démence » augmenterait avec le nombre d'épisodes aigus. Par ailleurs, il est possible que certains effets secondaires des traitements puissent aggraver les troubles de la mémoire ou de la concentration.

Cela souligne à nouveau l'importance d'un diagnostic précoce et d'une prise en charge efficace et durable, afin de minimiser les risques évolutifs.

Cependant, les démences sont fréquentes chez les personnes âgées et il n'est pas possible à ce jour de rattacher à sa maladie et de façon certaine l'apparition de pertes de mémoire ou de difficultés de concentration chez un patient souffrant de trouble bipolaire.

De plus, le type de démence le plus fréquemment associé au trouble bipolaire serait la « démence fronto-temporale » qui se caractérise, en comparaison avec la maladie d'Alzheimer, par plus de troubles du comportement (apathie ou désinhibition des actions). Il est donc bien souvent difficile, chez une personne âgée, de faire la différence entre une démence de profil apathique et une dépression, ou entre une démence avec des éléments de désinhibition et un épisode maniaque.

L'association entre démence et trouble bipolaire n'est donc pas à ce jour mise en évidence de façon certaine.

95 Peut-on guérir du trouble bipolaire ?

La notion de guérison peut être appréhendée sous différents aspects : absence de symptôme, absence de rechute, guérison complète ou fonctionnement correct (ou satisfaisant ?) par exemple. En d'autres termes, être guéri signifie-t-il « aller mieux » (ne plus avoir de symptôme, on parle de « rémission »), ou ne pas faire de nouvel épisode de la maladie ? La guérison dans le trouble bipolaire semble devoir s'entendre comme le retour durable à l'état de fonctionnement habituel, sans rechutes.

La première étape vers ce que l'on pourrait appeler la « guérison du trouble bipolaire » est le diagnostic. L'établissement du diagnostic et son acceptation par le patient sont préalable à toute notion de guérison. En effet, bien diagnostiquée (voir la question sur le retard diagnostic dans cet ouvrage), bien expliquée, bien comprise et bien traitée, le trouble bipolaire peut, en général, être stabilisé.

Nous l'avons vu, le trouble bipolaire, est constitué de phases dépressives et maniaques (ou hypomaniaques) séparées dans le temps par des périodes dites « inter-critiques » de fonctionnement « normalisé » (on entend comme « normal » le fonctionnement considéré comme habituel pour un individu donné). L'objectif de la guérison doit donc se définir en l'absence de phases aiguës de décompensation. Cet objectif est possible par l'association d'un traitement adapté (médicamenteux et psychothérapeutique), d'une bonne éducation du patient à sa maladie et d'un entourage personnel et médical présent et « réactif ». On parle de réactivité du patient et de son entourage notamment dans l'identification des signes prodromiques d'une rechute (souvent le sommeil) propres à chaque individu et à chaque type de trouble bipolaire. Il est également important de parler de réactivité du médecin traitant et du psychiatre tant la précocité de la prise en charge des épisodes débutants est un élément pronostic favorable de l'intensité et de la durée des symptômes de la crise.

Ainsi, même en l'absence de signes aigus, le trouble bipolaire restera présent pour le patient en tant que fragilité et qu'hyperréactivité aux événements de vie stressants. En ce sens, on ne peut parler de réelle « guérison » mais il est tout à fait possible, pour les patients souffrant de trouble bipolaire, de mener une vie considérée comme « normale » avec un fonctionnement satisfaisant et une bonne qualité de vie.

96 Qu'est-ce que la « qualité de vie », et quels facteurs l'influencent chez les patients souffrant de trouble bipolaire ?

L'efficacité des traitements du trouble bipolaire est évaluée sur des critères comme la diminution du nombre et de l'intensité des symptômes. Or, l'impact de la maladie sur la vie des patients ne se résume pas à ces paramètres, ce qui a conduit à développer ces dernières années le concept plus large de « qualité de vie ». L'Organisation Mondiale de la Santé (OMS) définit la qualité de vie comme « la perception qu'a un individu de sa place dans l'existence, dans le contexte de sa culture et du système de valeurs dans lesquels il vit et en relation avec ses objectifs, ses normes et ses inquiétudes ».

Les patients souffrant de trouble bipolaire ont en moyenne une qualité de vie inférieure à celle de la population générale, même en période de rémission (en dehors d'une phase aiguë). Leur qualité de vie est estimée presque équivalente à celle des patients souffrant de schizophrénie.

Les facteurs influençant la qualité de vie sont l'âge, le niveau de fonctionnement avant le début de la maladie, le support familial et social, l'âge de début de la maladie, ainsi que le nombre d'épisodes aigus, d'hospitalisations, et l'apparition de cycles rapides.

Les phases dépressives sont celles qui ont l'impact le plus négatif, mais il semble que même les phases maniaques et hypomaniaques soient associées à une réduction de la qualité de vie, malgré l'élévation de l'humeur qui les accompagne habituellement.

En ce qui concerne les traitements, l'utilisation des régulateurs de l'humeur (y compris les antipsychotiques) améliore la qualité de vie. Dans la phase aiguë, cette amélioration concerne surtout la dimension physique de la qualité de vie, et ce n'est que dans un second temps que les traitements ont un effet positif sur le fonctionnement social ou la santé en général. Par contre, la présence d'effets secondaires, en particulier une prise de poids, a un retentissement négatif sur la qualité de vie des patients. Le traitement psychothérapeutique ou des séances de psychoéducation ont un effet positif sur la qualité de vie.

97 Quel est le retentissement du trouble bipolaire sur la vie des patients ?

L'Organisation Mondiale de la Santé (OMS) classe le trouble bipolaire au sixième rang des pathologies en terme de handicap chez les 15-44 ans, devant d'autres maladies graves comme le cancer. La plupart des patients sont fortement touchés : les trois quarts rapportent qu'au cours de leur vie, la maladie a eu un retentissement sévère sur leur quotidien, plus encore en cas d'épisode dépressif que maniaque. Le retentissement est d'autant plus important que le début de la maladie se situe majoritairement à l'adolescence ou au début de l'âge adulte, période critique pour l'avenir personnel et professionnel.

Les patients souffrant de trouble bipolaire sont deux fois plus fréquemment célibataires que le reste de la population générale, et dans la moitié des cas, ces patients ont des difficultés relationnelles avec leur famille et leur entourage. Environ un tiers des patients disent se sentir fréquemment « ridicules ». Ces difficultés personnelles et familiales sont liées à la fois aux symptômes de la maladie (hyperactivité, irritabilité ou au contraire apathie et culpabilité) et à la difficulté pour l'entourage de comprendre la maladie. La capacité des patients à avoir des loisirs est également affectée.

30 % des patients ont des difficultés à trouver ou à conserver un emploi, qui sera le plus souvent à temps partiel et en dessous de leur qualification. L'apparition d'épisodes maniaques ou dépressifs, de part leur intensité, peut bien entendu avoir un retentissement important sur la vie professionnelle en empêchant les patients de travailler. Cependant, même en dehors des phases aiguës, les troubles de la concentration liés à la maladie et aux traitements peuvent diminuer la capacité à travailler.

Notons que chaque individu est différent, et il n'est donc pas possible de généraliser ces données à tous les patients. Nombres d'entre eux ont aussi une vie personnelle et professionnelle épanouie.

98 Les patients souffrant de trouble bipolaire sont-ils dangereux ?

Il est vrai que le taux de violence (meurtres, agressions y compris sexuelles, vols, menaces) est plus élevé dans les populations de patients souffrant de trouble bipolaire (8 %) que dans la population générale (environ 4 %). De plus, un petit nombre de faits divers tragiques mais fortement médiatisés, et les commentaires qui les accompagnent, véhiculent l'idée selon laquelle les patients souffrant de troubles psychiatriques représentent une population à part et potentiellement dangereuse. Ces informations doivent être replacées dans leur contexte.

Premièrement, ces violences ne surviennent que chez une petite minorité de patients.

Deuxièmement, la principale explication de cette augmentation de violences est l'abus de substances comme l'alcool ou d'autres drogues, qui est malheureusement fréquent dans le trouble bipolaire.

Enfin, ces rares épisodes de violence ne surviennent qu'exceptionnellement sans signes d'alarme et en dehors d'un épisode aigu. L'humeur irritable de la manie, quand elle est associée à des idées délirantes de tonalité persécutive, peut conduire à des passages à l'acte violents. Il s'agit donc d'un tout autre contexte que celui d'un patient stabilisé.

Au total, l'abus de substances et l'arrêt des traitements sont les deux principales causes de violences des patients souffrant de trouble bipolaire, et cette violence ne survient que chez une petite minorité de patients. Un suivi régulier pour assurer une prise en charge optimale est donc indispensable. Rappelons également que les patients souffrant de troubles psychiatriques sont bien plus souvent victimes d'actes violents qu'ils n'en sont les auteurs. Assimiler trouble psychiatrique et violence, ou « dangerosité », n'est donc aucunement justifié.

Un patient souffrant de trouble bipolaire est-il responsable de ses actes ? 99

Cela dépend de son état psychique. Toute personne est responsable de ses actes devant la loi. Cependant, il existe une exception à cette règle dans le champ de la médecine. En effet, un patient souffrant de trouble psychiatrique, notamment de trouble bipolaire, peut lors d'un épisode aigu présenter une altération ou une abolition de son discernement. C'est par exemple le cas lors d'un épisode maniaque sévère et délirant. Le patient peut n'être pas considéré comme responsable de ses actes, s'il peut être prouvé qu'au moment des faits une maladie l'empêchait de prendre ses propres décisions, d'en mesurer les conséquences, ou tout simplement que ces actes n'avaient pas de sens pour lui.

Le droit distingue l'abolition du discernement de son altération. Dans le premier cas, le patient n'a plus aucun discernement quant à ses actes, alors que dans le second, le discernement n'est pas complet, et le patient peut être jugé.

Malheureusement, la médiatisation de quelques dramatiques affaires jouant sur l'émotion de l'opinion publique a récemment conduit à une incompréhension quant à la nature de l'irresponsabilité pénale d'un patient en crise sévère. L'irresponsabilité conduit à un « non-lieu », et cette formulation peut laisser entendre que la justice considère que l'acte n'a pas eu lieu, ce qui apparaît inacceptable aux yeux des proches d'une victime. En réalité, le terme non-lieu signifie qu'il n'y a pas lieu de poursuivre en justice l'individu, puisque au regard de la loi celui-ci n'avait plus son discernement.

Bien entendu, il est possible de présenter un trouble psychiatrique grave et d'être encore parfaitement conscient de ses actes. L'évaluation de la responsabilité d'un patient, de l'abolition ou de l'altération de son discernement est donc délicate, et ne peut être réalisée que lors d'une expertise psychiatrique. C'est en revanche à la justice, au vu des pièces dont l'expertise psychiatrique (et parfois plusieurs expertises contradictoires), de décider s'il y a lieu de poursuivre ou pas un individu.

100 Quelle peut-être l'attitude de l'entourage en cas d'urgence ?

Il y a urgence dans le trouble bipolaire en cas d'épisode aigu associé à des troubles du comportement. Par exemple lors d'un épisode dépressif avec une intentionnalité suicidaire forte ou lors d'un épisode maniaque avec mise en danger de soi ou des autres.

La première attitude de l'entourage doit être d'essayer d'apaiser le patient souffrant de trouble bipolaire et de l'orienter vers des soins. L'accès aux soins est primordial car il permettra la mise en place des mesures d'urgence adaptées (hospitalisation, traitement, etc.). L'apaisement et la protection du patient en difficulté passe souvent par une présence rassurante à ses côtés, en attendant l'intervention d'un soignant.

Les soignants auxquels il peut être fait appel dépendent du degré d'urgence et de troubles du comportement : parfois, il s'agit des services de secours d'urgence (types pompiers ou SAMU, joignables au 15 ou au 112), parfois le recours à des médecins en intervention d'urgence au domicile (type SOS médecins) peut être nécessaire. Plus souvent, un appel au médecin traitant pour avoir un premier avis médical est important. Parfois il est possible de joindre le psychiatre traitant. Enfin, lorsque l'urgence ne nécessite pas d'intervention au domicile, il est possible d'accompagner le patient vers des structures de soins : cabinet du médecin traitant, services d'urgence des hôpitaux ou service d'accueil spécialisé des urgences psychiatriques.

Il est important de préciser que, plus que le type de structure ou d'intervenant, c'est surtout le recours au soin qui est fondamental permettant l'engagement d'une prise en charge appropriée au degré d'urgence et à la souffrance du patient. Lors d'une phase aiguë, il est parfois difficile pour les proches d'obtenir l'accord du patient pour l'amener aux soins. Rappelons que dans les cas d'urgence et de mise en danger, il est possible, en particulier pour un patient qui n'aurait pas la conscience du caractère pathologique de son comportement, de recourir à des soins sans consentement.

Achevé d'imprimer en octobre 2014 par Normandie Roto Impression s.a.s., 61250 Lonrai
Dépôt légal : octobre 2014 - N° d'impression : 1404054 - *Imprimé en France*